EL ARTE
DE LA FICCIÓN

James Salter

EL ARTE DE LA FICCIÓN

Traducción del inglés de
Eugenia Vázquez Nacarino

miradas
salamandra

Papel certificado por el Forest Stewardship Council®

FSC
www.fsc.org
MIXTO
Papel | Apoyando la silvicultura responsable
FSC® C117695

Penguin Random House Grupo Editorial

Título original: *The Art of Fiction*
Primera edición en esta colección: mayo de 2024
Segunda reimpresión: diciembre de 2025

Printed in Spain – Impreso en España

ISBN: 978-84-10340-01-5
Depósito legal: B-8.001-2024

Impreso en Arcángel Maggio Europa, S.L.

SM40015

PRÓLOGO

Lecciones de escritura

Antonio Muñoz Molina

Leyendo las conferencias sobre el arte de la ficción que James Salter dio en la Universidad de Virginia en 2014, uno no puede creerse que esas palabras hayan sido escritas y dichas por un hombre de ochenta y nueve años. Y el motivo no es el grado de lucidez que muestran y la agudeza de sus observaciones, sino el aire de asombro y de tanteo que irradia de ellas, de entusiasmo a la vez sobrio y romántico hacia el oficio de escribir y las posibilidades de la literatura. Al filo de los noventa años, después de una vida entera en la que hizo casi de todo, desde escalar montañas a pilotar aviones de combate en la Guerra de Corea, después de sobreponerse durante mucho tiempo a la oscuridad que envolvía su trabajo, al desánimo de la falta de reconocimiento, James Salter habla delante de los alumnos de la Universidad de Virginia con una especie de cautelosa inocencia. En sus palabras no hay rastro de esa insufrible seguridad con la que tantas veces los escritores, veteranos o no, predican ante el público voluntarioso y cautivo de las escuelas o másteres o talleres de escritura, haciendo creer a sus estudiantes que la literatura es una cofradía extremadamente restringida a la que ellos, los profesores, pertenecen, por una especie de derecho dinástico, o de privilegio congénito, y a la que pueden facilitar el acceso, no sin gran condescendencia, al aspirante que reúna las cualidades exigidas —siendo la más valiosa entre todas el sarcasmo arrogante de saberlo ya todo—.

Hay quien antes de publicar e incluso de escribir ya habla como si fuera un escritor, como si formara parte de ese club, de ese gremio. James Salter, que pilotaba aviones a los veintiún años, apenas conoció a nadie relacionado profesionalmente con la literatura hasta pasados los cuarenta. Tenía cuarenta y cuatro cuando se encontró en Nueva York con el profesor Robert Phelps, la primera persona que lo orientó en el descubrimiento de la literatura universal más allá de sus propias predilecciones y de los hallazgos del azar. En 2014, en sus conferencias de Virginia, Salter muestra cálidamente su gratitud hacia Phelps, y recuerda que fue él quien le hizo descubrir los cuentos de Isaak Bábel. Hasta entonces, dice Salter, había vivido al margen de cualquier vida literaria: «Hasta conocerlo a él, todo lo que yo sabía lo había aprendido por mi cuenta. Mis gustos los había formado yo mismo.»

Para entonces Salter había publicado ya varias novelas, y admiraba a los maestros americanos evidentes, Faulkner, Thomas Wolfe, Hemingway, Bellow. No es difícil imaginar el modo en que le influiría la lectura de Bábel. Frente al realismo tumultuoso y en gran medida egocéntrico de aquellos modelos, los cuentos de Bábel le sugirieron a Salter un aire de ligereza, tanto en el humor como en la tragedia, una contención expresiva, un despojamiento de poesía. «Bábel es un escritor que no interfiere», dice Salter. «Se retira a sí mismo de la historia y la deja que concluya por sí misma, a veces de una manera abrumadora.»

En 2014, cuando dio estas conferencias, James Salter estaba viviendo una celebridad muy tardía, un reconocimiento más allá del círculo restringido de lectores que siempre lo había rodeado. Un año antes, a los ochenta y ocho, después de un largo silencio que todo el mundo consideraría definitivo, había publicado *All That Is* (*Todo lo que hay*), una novela de un brío narrativo y una belleza que no parecerían posibles en un escritor de esa edad (Bellow se le acerca, pero no del todo, terminando *Ravelstein* a los ochenta y cinco). Me da envidia imaginarlo, alto y gallardo en la vejez, paseándose al sol de otoño por aquel campus de la universidad donde fue profesor William Faulkner, por los campos de césped y las columnatas blancas que diseñó Thomas Jefferson. Me da más envidia porque admirando tanto el estilo por escrito de James Salter me habría gustado escuchar su voz, y porque ese campus y esas arboledas y columnas neoclásicas las frecuentaba yo hace ahora veinticinco años, cuando daba allí mismo clases de literatura, en el mismo edificio en el que las había dado Faulkner, según me contaban.

Enseñar literatura es poco más que leer en voz alta y animar a la lectura atenta de lo que uno considera admirable. En sus conferencias, Salter se aparta de vez en cuando a un lado y lee un pasaje de una novela o de un cuento, un primer párrafo. «Los escritores que me gustan son los que son capaces de observar muy de cerca. Los detalles son todo.» Salter lee un pasaje de *Papá Goriot* y saborea y celebra la riqueza de los detalles en los que se fija Balzac, que arrastran hacia el espacio de las novelas lo que no aparecía en ellas desde los relatos originarios del *Lazarillo* y Cervantes: lo concreto, lo material, lo vulgar, lo significativo que solo se revela a través de lo trivial. Salter, que ambientó en la Francia recóndita de las ciudades de provincias una de sus mejores novelas, *A Sport and a Pastime* (*Juego y distracción*), le debe mucho a la literatura francesa, y admira sobre todo a Flaubert, el maestro de la observación minuciosa y la pureza del estilo. Dice Richard Ford que las mejores frases de la prosa americana las ha escrito James Salter: da la impresión, leyéndolo, que Salter aspira a la misma precisión inflexible que Flaubert: a que una página de prosa, igual que en un poema, no haya una sola palabra que pueda ser sustituida por otra. La única lección es el trabajo incesante:

«Ser escritor es estar condenado a corregir.» El oficio es una mezcla de exigencia y de abandono, de disciplina sin excusas y temeraria libertad. Salter habla y parece Flaubert: «No debe haber palabras erróneas ni palabras que degraden la frase o la página.» Pero ese control máximo solo importa si lo que se escribe está animado por un espíritu de radicalidad que estremece en un anciano de casi noventa años: «He mencionado antes la libertad del arte. Me refiero a la libertad de no dejarse atar por cualquier idea aceptada de moralidad ni por ningún catecismo. [...] No debe haber ninguna prohibición en lo que está permitido imaginar o pensar.»

Se distingue a un verdadero maestro en que carece de arrogancia. Muestra la incertidumbre y el deleite de ir aprendiendo, no la soberbia de saber. En las breves páginas de estas charlas sobre el arte de la ficción se aprende tanto que uno tiene la sensación de escuchar la voz de James Salter.

Antonio Muñoz Molina,
artículo publicado
en *Babelia*, *El País*, 10.03.2018.

EL ARTE
DE LA FICCIÓN

El arte de la ficción

Hay quien se desmaya con sólo ver algo, o al oír una noticia o la voz de alguien al que daba por muerto, pero nadie se desmaya por leer un libro. Y eso no quiere decir que los libros carezcan de poder sobre nosotros; su poder es de otra índole. Cuando lees, no ves ni oyes nada, y, sin embargo, te parece que sí. A mí me parecía estar en la Indochina francesa mientras leía *El amante*, de Marguerite Duras. Veía las amplias avenidas arboladas, los trajes blancos, el barrio chino. Conocí a la madre y al hermano, el increíble cuerpo desnudo de Hélène Lagonelle, al amante patético, y el hecho de que todo era parte del pasado, pero también estaba presente en la cara de la mujer que lo escribió. La novela se narra en primera persona. Es una confesión, y sólo inventada, pero yo la creí. Pasó a formar parte de mi historia del mundo.

François Mauriac contó lo siguiente:

> Un chico de quince años, que se llamaba Paul Bourget, entró un día en un gabinete de lectura de la rue Soufflot y pidió el primer tomo del *Père Goriot.* Era la una cuando empezó a leer; eran las siete cuando el joven Paul se encontró de nuevo en la acera: se había acabado la obra de un tirón. «La alucinación de esta lectura había sido tan fuerte —escribió Bourget— que me tambaleaba... La intensidad del sueño en el que me había sumido Balzac produjo en mí efectos parecidos a los del alcohol o el opio. Demoré varios minutos en volver a captar la realidad de las cosas a mi alrededor y mi triste realidad...»

Balzac, como probablemente saben, había escrito cierto número de obras menores bajo distintos pseudónimos antes de iniciar los épicos veinte años en los que publicó unas noventa novelas firmadas con su nombre, entre ellas muchas obras maestras, una de las cuales es *El pobre Goriot*.

Ciertos escritores tienen la capacidad de unir una palabra a otra o enhebrarlas en una secuencia que florece en la mente del lector, o logran describir tan bien las cosas que para éste se convierten en algo parecido o equivalente a la realidad. No depende sólo del acierto en la observación; también del modo de contar.

Goriot es un anciano que en otros tiempos fue próspero y rico, con dos hermosas hijas a las que adora y por las que se desvive, y a las que concierta los matrimonios más favorables. Es parecido al rey Lear: él les da todo, y ellas demuestran ser ingratas y sumamente egoístas. Ya ni siquiera lo reciben en sus suntuosas casas, y el hombre vive, arruinado, en el último piso de una pensión de tres al cuarto, la Maison Vauquer, donde lo tienen por un don nadie, y aun así sigue plenamente entregado a sus desdeñosas hijas, de las que por cierto nadie ha oído hablar.

Cada detalle de esta pensión, cada aposento y su mobiliario, cada uno de sus inquilinos está descrito con maestría, como si Balzac insistiera en que: ¡Todo es verdad! Toda esta historia de un París decimonónico corrompido, relumbrante y bullicioso, escondrijo maloliente y paraíso señorial, es verdad de principio a fin.

Así entramos en el comedor de la Maison Vauquer, con sus paredes de un color ya irreconocible, sus licoreras desportilladas y sucias, pilas de platos en los aparadores mugrientos, y las servilletas de los huéspedes salpicadas de vino en un casillero. La mesa está cubierta con un hule grasiento, las esterillas de paja raídas al punto de desaparecer, y las sillas desvencijadas y con los respaldos rotos.

> Impera aquí, en resumidas cuentas, la miseria sin poesía; una miseria ahorrativa, concentrada, raída. Aunque aún no tiene fango, ya tiene manchas; aunque no tiene ni agujeros ni harapos, se deshace de puro podrida.
>
> Esta habitación está en todo su esplendor en el momento en que, a eso de las siete de la mañana, el gato de la señora Vauquer antecede a su dueña.[1]

En este popurrí de la decadencia, con su desfile de detalles, cambios de perspectiva, interpelación directa al lector, escrutinio certero, orquestado como una especie de fanfarria, tiene lugar la entrada ridículamente majestuosa de una figura principal, la propietaria en persona, madame Vauquer, arrastrando los pies como una vieja actriz con zapatillas arrugadas, un casquete de tul torcido sobre la cabeza, precursora de nuestras peluqueras y de las reinas destronadas de los concursos de belleza. Se concede entonces una página brillante a su descripción, que no citaré completa, pero que empieza así:

> La cara envejecida y regordeta, en cuyo centro destaca una nariz de pico de loro, las manos menudas y gordezuelas, el cuerpo rollizo como de rata de iglesia, la espetera excesiva y bamboleante armonizan con este comedor del que rezuma desdicha, donde se acurruca la especulación y cuyo aire cálidamente fétido respira la señora Vauquer sin que le dé asco.[2]

Hasta entonces, los escritores habían omitido, por considerarlos zafios y carentes de interés, los detalles de la vida cotidiana que tan vorazmente Balzac compendió y utilizó como una parte esencial de la verdad, de la realidad. Fue él quien abrió esa puerta.

Leo por el placer de leer. Ya no tengo ni siento ninguna obligación de leer nada, aunque hay ciertos libros que me gustaría leer antes de morir, por razones difíciles de expresar. Si no, de alguna manera me sentiría incompleto, no del todo preparado. Me gustaría leer *Las hermanas Makioka*, de Junichirō Tanizaki. Quiero leer la *Trilogía transilvana*, de Miklós Bánffy, y *Los sonámbulos,* de Hermann Broch. Me veo leyendo al final como Edmund Wilson poco antes de morir aprendía hebreo con botellas de oxígeno al pie de la cama.

Por supuesto siempre hay libros que, si no leo, quizá sí examine por curiosidad o para ver cómo están escritos. En realidad, no necesito saberlo, es una manía.

Nunca he llegado a tener afinidad ni a sentirme realmente cómodo con personas que no leen o que nunca han leído. Para mí es un requisito esencial. De lo contrario echo en falta algo, amplitud de miras, noción de la historia, una sintonía compartida. Los libros son contraseñas. El cine es demasiado simple. Quizá me equivoque. Una vez estaba en un bar ruidoso, en mi ciudad, y un hombre se acercó y me dijo algo que no alcancé a oír, así que se inclinó un poco más y repitió: «¿Qué le parece Neruda?» La verdad es que yo no tenía una opinión sobre Neruda, pero me resultó simpático aquel intento llano de entablar amistad. Leí a Neruda después, algo que tal vez no habría hecho, o apenas.

Es imposible leerlo todo. Por más leída que sea una persona, siempre habrá muchos libros, tanto fundamentales como menos reconocidos, que no ha leído, que debería leer o, como dice un amigo bibliófilo, Jacques Bonnet, que leerá en algún momento. Y luego uno siempre topa con escritores que suenan interesantes y de los que no había oído hablar. Fue por Bonnet que leí a Nagai Kafū, «Una extraña historia al este del río», y a dos o tres escritores más. Hay demasiado que leer y siempre lo habrá.

Los libros que he leído y he disfrutado los recuerdo bastante bien, y con esos autores desarrollo una especie de vínculo. Creo que a muchos lectores les ocurre lo mismo. Si el libro es bueno, el escritor también ha de serlo. Ese sentimiento puede ser de admiración o fascinación, y a veces incluso de cierta idolatría. He conocido a demasiados escritores como para que se me ocurra idolatrarlos, pero entiendo que suceda. Siempre te piden que nombres a los autores que te gustan o te han influido, y parece que nunca llevo encima esa lista, pero sin duda incluiría algunos que un escritor llamado Robert Phelps me descubrió cuando nos conocimos en Nueva York. Sería allá por 1969. Yo tenía cuarenta y cuatro años y había estado viviendo al margen, lejos de la vida literaria en todos los sentidos.

Casualmente, *The Literary Life* era el título de un libro que Phelps había escrito con Peter Deane, una crónica con fotografías de 1900 a 1950 dedicada por entero a los libros, los actos literarios y los escritores, tanto en su faceta pública como privada. Para mí fue un libro irresistible. Era escritor, y quería estar en el siguiente volumen, el que iría de 1950 a 2000, aunque por diversas razones, su muerte entre ellas, Robert Phelps no llegó a escribirlo. Me acogió bajo su protección, sin embargo. Fue mi curso particular de literatura comparada, que Robert también impartía en la New School por esa época.

Phelps y su mujer, Rosemarie Beck, que era pintora, vivían en un pequeño apartamento de sólo dos habitaciones conectadas por una cocina. A un lado su dormitorio, con una mesita en la que a veces comían, y al otro un estudio, en el que una mitad era de ella, y la otra, escrupulosamente delimitada, de él. Sólo había un estante para libros, que quedaba en la mitad de Rosemarie, a quien correspondía, además, una parte del mismo. Así que los libros que Phelps poseía eran pocos, no más de treinta o treinta y cinco: el número exacto de libros en cada anaquel de la infinita biblioteca de Babel que Borges describe como metáfora del universo, y cualquiera podía ser reemplazado en cualquier momento por otro libro que a Phelps le apasionara o considerara más valioso. Los libros descartados, todos los ejemplares de reseña y los que ni siquiera habían llegado a ser candidatos a ocupar el estante, iban a parar a la cercana librería Strand, o quedaban apilados en el pasillo para quien quisiera llevárselos.

A mí, el apartamento de los Phelps en el ático me parecía parisino. Quizá por influencia de su trabajo. Sus simpatías y conocimientos se centraban especialmente en la literatura francesa. Había publicado una autobiografía de Colette —*Paraíso terrenal*—, compuesta de largos fragmentos entresacados de las obras de ésta, tanto de ficción como de no ficción. De ella también escribió una biografía ilustrada, y otra más convencional de Jean Cocteau. Publicaba en Farrar, Straus and Giroux, que tenía las oficinas a pocas manzanas de allí.

Phelps siempre se refería a Straus, el director de la editorial, como Roger, y más tarde empezó a llamarlo «nuestro Roger» cuando pareció que también iba a publicarme a mí. En esa época yo estaba escribiendo una novela. Estaba peleado con mi mujer; apenas nos hablábamos, y me dio por pensar en los tiempos en que habíamos sido felices, no en un intento de recordarlos, sino de fijarme en cómo los recordaba y qué cosas recordaba. Escribía sobre esas vivencias de hacía una década tal como estaban almacenadas en mi memoria, y en particular con relación a una pareja de amigos nuestros, y a la mujer, que me fascinaba y que, en un gesto que yo recordaba, se quitaba siempre el anillo de casada y lo dejaba en la encimera cuando cocinaba. Sentía que en realidad estaba escribiendo sobre ella.

Varios años después, una escritora me contó que le había gustado tanto el libro que llevaba una palabra de la novela tatuada en el dedo donde habría podido estar su anillo de casada.

Qué palabra era, le pregunté.

Me mostró el dedo.

La palabra era «inimitable».

Hasta que conocí a Robert Phelps, todo lo que sabía lo había aprendido por mí mismo. Había modelado mis propios gustos, y Robert los refinó iniciándome en nuevos escritores y resituando a muchos de los conocidos. Yo confiaba en él.

Uno de los escritores que me sugirió que leyera, anotándome el título de tres de sus cuentos, fue el ruso Isaak Bábel.

«Lee éste primero», me dijo. Era el cuento titulado «Mi primer ganso».

Sospecho que ustedes saben más de lo que yo sabía entonces, pero yo simplemente no tenía ni idea de la existencia de un escritor como Bábel. Escribió en los años veinte, cuentos y obras de teatro, y en 1940 fue ejecutado por el NKVD. Sus relatos se agrupan mayoritariamente en torno a la vida en Odesa, donde se crió, y su andadura junto al Ejército Rojo durante la campaña contra los polacos de 1920. Resulta difícil describir estos cuentos y su poder para impactar y conmover al lector. Han sido pulidos hasta alcanzar una intensidad sobrecogedora.

Bábel es un escritor que no se entromete. Guarda la distancia con el relato y permite que éste concluya solo, a menudo de un modo vacilante. Es un hombrecillo con lentes que viaja de corresponsal con el ejército cosaco y de alguna manera consigue contemplar el caos que se desata a su alrededor con la imperturbabilidad de Dios; Borges dijo que su estilo alcanzaba una gloria que se supone reservada a la poesía y rara vez logra la prosa. Bábel te entrega todo eso. Es como un puñado de radio, un fulgor que nunca habrías imaginado.

Bábel escribió y reescribió incansablemente sus relatos. Decía que en una frase hay una especie de palanca que puedes agarrar y girar apenas, lo justo, ni más ni menos, hasta que todo encaja. Quizá resulte difícil de imaginar, pero se aprecia en sus frases.

También es suya la memorable sentencia de que no hay hierro capaz de atravesar el corazón humano con la fuerza de un punto colocado en el lugar preciso.

Leo los cuentos de Bábel una y otra vez. Uno de ellos, «La calle de Dante», está ambientado en París. Otro se titula «Guy de Maupassant», aunque Maupassant nunca aparece en él. Bábel viajó a Italia y a Francia varias veces, y habría deseado pasar más tiempo allí, pero estar demasiado en el extranjero lo hacía a uno sospechoso, y al final volvió a la Unión Soviética. Continuó trabajando, aunque un tanto marginado, y quizá expuso más de la cuenta su libertad de pensamiento. Fue arrestado de repente, encarcelado y acusado de espionaje, graves cargos contra los que no había defensa posible en la Unión Soviética, así que una noche lo juzgaron en los sótanos y al día siguiente lo ejecutaron. Todos sus manuscritos inacabados y sus papeles se confiscaron en el momento de su detención, y nunca han aparecido.

La novela que yo había estado escribiendo, *Años luz*, resultó no ser un éxito. Se publicó, pero tuvo una primera reseña devastadora, seguida por una segunda, indiferente, en el *Times*, y nadie se preocupó de intentar defenderla. Mi editor en Random House me había llamado con la noticia. La reseña era mala, me dijo.

¿Ah, sí? ¿Cómo de mala?

Muy mala.

¿Y no había nada, una frase o un par de palabras, que pudieran usarse en un anuncio?

No, dijo.

Raro es el caso de un escritor que no experimenta el rechazo en un momento u otro, y a fin de cuentas el libro no era algo sagrado, por más sagrado que lo hubiera sido para mí. Pero esto es filosofar, y entonces no sirvió de nada. La filosofía es una cura de efectos lentos.

Hubo gente a la que le gustó el libro, por supuesto; siempre hay alguien a quien le gusta, y tal vez tenga razón, pero como rechazo, ése fue el que más me dolió. Supongo que podría haber emprendido un régimen de trabajo duro para superarlo. Podría haber empezado otro libro, pero mi pasión parecía agotada. Había trabajado cinco años en ese libro. Me había vaciado. Así que me fui a Francia, donde uno siempre siente que vale la pena ser escritor y donde siempre he conseguido escribir. No a todos los escritores les gusta Francia; de hecho, creo que en todo caso a Francia se la ha admirado en exceso, empieza a ser una afectación, pero yo siempre me he sentido cómodo allí.

Bábel no escribió nunca una novela. Era una forma que no iba con su temperamento. Una novela es, a mi entender, un relato de cierta extensión y conciso sólo en ciertas partes. Quizá debería tener también una matriz o relevancia social, debería plasmar la vida a partir de unos valores, como dijo E.M. Forster, aunque creo que no necesariamente.

A lo largo de los últimos doscientos años, en los que ha pasado a ser el género dominante, los novelistas han sido por lo general las figuras más destacadas del panorama literario. Orhan Pamuk, inspirado por un influyente ensayo de Schiller, *Sobre poesía ingenua y poesía sentimental*, ha dividido a los escritores en esas dos clases: ingenuos y sentimentales. Por ingenuos se refiere a los escritores que son naturales, como un manantial, espontáneos: sin conciencia de cómo escriben, les sale de dentro; y en esta categoría reúne a Dante, Shakespeare, Cervantes, Sterne y Goethe. Los escritores sentimentales, por otra parte, se enfrentan a diversos problemas de estilo y técnica y parecen, en consecuencia, un paso por detrás de los más agraciados, como estudiantes tenaces, pero más lentos. Este grupo tendría que encuadrar a Tolstói, Gógol, Virginia Woolf, Thomas Mann y prácticamente todos los demás. Y desde luego incluiría, encabezando la lista, a Flaubert.

Flaubert empezó a escribir *Madame Bovary* en 1851, un año después de la muerte de Balzac. Tenía casi treinta años. Admiraba a Balzac; ambos eran realistas. *Madame Bovary*, que con el tiempo se convertiría en la novela realista por antonomasia, le llevó cuatro años y medio de trabajo. De dónde salió la idea de la novela, cuánto se basa en un caso real o un historial clínico, son cuestiones interesantes, pero ahora me gustaría hablar sobre Flaubert y sus métodos, su manera de trabajar y sus expectativas e intenciones.

Flaubert era soltero. Nunca se casó. Vivió toda la vida en una confortable casa familiar, con un gran jardín y vistas al río en Croisset, una localidad cerca de Ruán. Había sirvientes. Vivía con su madre y una joven sobrina, Caroline, a la que adoraba. Apenas viajaba, de vez en cuando a París para airearse o verse con amistades, y, en una ocasión, a Egipto con su amigo Maxime du Camp. Era una vida completamente burguesa, por más que Flaubert despreciara a los burgueses. El cieno de los burgueses, decía, y su sociedad democrática. Tenía una amante, una poeta, Louise Colet, pero vivía en otro pueblo, y así él pudo dedicarse por entero a su trabajo.

Su estudio estaba en la planta alta de la casa, una habitación amplia que daba al jardín, con el Sena de fondo. Solía escribir allí desde primera hora de la tarde hasta bien entrada la madrugada, parando sólo para cenar, y era infatigable, escribiendo, reescribiendo, revisando, y produciendo lentamente, quizá «una página por semana, o una en cuatro días, o trece en tres meses». Hay unas cuatro mil quinientas cuartillas de borradores para las trescientas del libro.

Sopesaba cada frase. Seleccionaba, rechazaba, volvía a escoger las palabras una por una. «Una buena frase de prosa —decía— debe ser como un buen verso, *incambiable*, igual de rítmica y de sonora.»[3] Ensayaba sus frases y párrafos en voz alta en lo que denominaba su *gueuloir*, el lugar donde declamaba, para juzgar su cadencia y fluidez. Además, todas las semanas leía a un amigo de manera ritual lo que había escrito.

Quería escribir con objetividad, con exactitud, con precisión, evitando la metáfora y el juicio moral. Por encima de todo quería escribir una novela que fuera realista, casi aséptica, sin idealizar nada, y crear algo monumentalmente bello partiendo de gente provinciana y vidas corrientes, incluso banales. Todo dependería del estilo. El estilo en la escritura era de primordial importancia. Incluso llegó al extremo de decir que sería «un libro sobre nada, un libro sin ataduras exteriores, que se aguantase a sí mismo con la fuerza interna de su estilo».[4] Pero, por supuesto, es más que eso; nos regala el milagro de un mundo completo.

En la novela, Rodolphe, el terrateniente moreno y viril que conquista a Emma Bovary, la ha atraído a una sala vacía del ayuntamiento donde pueden sentarse a contemplar desde el balcón la feria agrícola que tiene lugar en la calle.

> Rodolphe tenía los brazos cruzados sobre las rodillas y, así, alzando el rostro hacia Emma, la miraba de cerca, fijamente. Ella percibía en sus ojos unos pequeños rayos dorados que se difundían en torno a las pupilas negras, e incluso le llegaba el perfume de la gomina que le lustraba el cabello. De pronto la invadió una sensación de languidez, le vino a la memoria el vizconde, que la había sacado a bailar el vals en la Vaubyessard, y cuya barba exhalaba, como el cabello de Rodolphe, un olor a vainilla y limón; y, maquinalmente, entornó los párpados para respirarlo mejor.[5]

Quiero detenerme aquí. Ella podía ver los minúsculos rayos de oro, oler el perfume de la gomina y recordar la barba del vizconde que exhalaba el mismo fatídico olor a vainilla y limón. Entornó los párpados. Hasta ese pequeño detalle: entornó los párpados, no los ojos. Es más tierno. Sugiere una cortina blanca, algo grácil y delicado afín a la languidez y el recuerdo.

Pero al arquear el cuerpo en la silla, divisó a lo lejos, en el horizonte, la vieja diligencia, la Hirondelle, que descendía lentamente por la cuesta de Leux, dejando tras de sí un largo penacho de polvo. Léon había venido a verla tantas veces en aquel carruaje amarillo... ¡Y por aquella carretera se había marchado para siempre! Creyó verlo enfrente, junto a la ventanilla; luego pasaron unas nubes y todo se confundió; le pareció que volvía a dar vueltas al son del vals, a la luz de las arañas, del brazo del vizconde, y que Léon no se hallaba lejos, que iba a aparecer, y mientras tanto seguía sintiendo a su lado la cabeza de Rodolphe. Y así, la placidez de aquella sensación penetraba en sus deseos de otro tiempo, que, cual granos de arena desperdigados por una ráfaga de viento, remolineaban en el sutil efluvio que se expandía en su alma.[6]

Así, aunque Emma apenas está entreviéndolo en la distancia, el leve reflejo amarillo la arrastra hacia el pasado. Pero eso no es más que el principio. La escena sigue adelante, cobra una intensidad creciente, alucinatoria, y el novelista introduce el contrapunto y los deja para describir la escena de la calle, en la que ellos apenas reparan, donde están condecorando con una medalla de plata a una humilde anciana que ha trabajado como una mula en una granja más de cincuenta años. Realmente podemos ver a la mujer, menuda y asustada, con la cara consumida y arrugada, las manos largas y de articulaciones nudosas.

> El polvo de los graneros, la potasa de las coladas y la grasa de las lanas las habían encostrado, excoriado y encallecido, hasta tal punto que parecían sucias, por más que las hubiera lavado con agua clara; y, de tanto bregar, se habían quedado entreabiertas, como para presentar el humilde testimonio del sinfín de penalidades que había sufrido.[7]

La mujer recibe la medalla. La contempla. Al fin, una sonrisa beatífica se despliega en su semblante franco.

Entonces resplandeció en su semblante una sonrisa beatífica, y se la oyó farfullar al marcharse:

—Se la daré al cura del pueblo, para que me diga misas.[8]

Estilo. Flaubert perseguía la objetividad y el estilo, la elección precisa de la palabra justa. El habla es un atributo natural del ser humano, y en gran medida sale espontáneamente, casi al tuntún, pero escribir no es lo mismo. Escribir es más difícil.

Maupassant fue discípulo de Flaubert, literalmente. Se conocían, y Flaubert enseñó a Maupassant a escribir, en qué consistía el oficio. Según tengo entendido, Maupassant presentó su primer cuento a Flaubert para que le diera su opinión. Se titulaba «*Boule de suif*» («Bola de sebo»), y Maupassant estaba hecho un manojo de nervios. Tenía veintinueve años. ¿Valía algo o no valía nada? Cuando Flaubert lo hubo leído, se lo devolvió. Sólo dijo: «Es una obra maestra.» Y añadió: «Sólo cambiaría dos palabras.»

Por supuesto, no todas las palabras pueden ser la palabra perfecta. No todas las habitaciones tienen vistas al río. Hay miles de palabras ordinarias que componen un libro, igual que en un ejército hay muchos soldados de a pie y algún que otro héroe. Pero no debería haber palabras fuera de lugar o palabras que degraden la frase o la página. Has de tener paladar para lo que estás escribiendo. Has de ser capaz de reconocer cuándo se ha echado a perder.

Puede que, de hecho, no haya una palabra justa, mucho menos la palabra perfecta. Puede que hayas de cambiar de idea y utilizar dos palabras, o reescribir la frase. No merece la pena hacerlo por cualquier libro, por cualquier frase, cualquier párrafo. No todo escritor lo hace. Hay grados de excelencia.

Sin embargo, el estilo puede ser otra cosa. El estilo es el escritor en su totalidad. Puede hablarse de estilo cuando un lector, tras leer varias líneas o parte de una página, es capaz de reconocer quién escribe. Flaubert deseaba borrarse por completo de su libro, lograr que existiera al margen de sí mismo, ajeno a sus actitudes, su sentido de la ironía, su gusto. Pero el autor no puede suprimirse del libro... hay algo más. Me resisto a la palabra «estilo», porque también puede sugerir algo superfluo, como «adorno» o «moda». A veces me inclino más bien por la palabra «voz». No son exactamente lo mismo. El estilo es una preferencia, la voz es casi genética, absolutamente distintiva. Ningún otro escritor suena como Isak Dinesen. Nadie suena como Raymond Carver o Faulkner. Reescriben sin cesar: Bábel, Flaubert, Tolstói, Virginia Woolf. Ser escritor es estar condenado a corregir. No era lo que se proponían escribir. O sí, pero estaba mal enfocado, o podía ser mejor; era demasiado largo, era anodino; no acertaba a expresar lo más importante, algo no encajaba. Pero siempre suena a ellos. Está en su estilo. Está en su voz.

Al principio, cuando empiezas como escritor, no sueles tener una voz propia. Suelen afectarte la influencia o la atracción de un escritor consolidado, alguien cuyos libros y aura te deslumbran. Intentas seguir sus pasos. Adoptas su forma de ver las cosas. Poco a poco, sin embargo, el vínculo se debilita y te sientes atraído hacia otros escritores, aunque no tan intensamente, y tu propia escritura, a fuerza de práctica, cambia, hasta que llega un momento en que cuando escribes eres tú mismo, del todo, sin mediación, y suenas tal como eres.

El estilo es sustancia: eso dijo Nabokov, y su propio estilo lo demostraba. Escribía como hablaba, sólo que mejor.

Luego está la primera vez que lees las palabras que abren un libro y sientes una especie de advertencia, una electricidad que te recorre, igual que con el sexo.

> A finales de verano de ese año vivíamos en una casa de un pueblo que daba a las montañas al otro lado del río y la llanura. En el lecho del río había guijarros y cantos rodados resecos y blanqueados por el sol, y el agua era cristalina y corría rápida y azul por el cauce. Las tropas pasaban por delante de la casa, se alejaban carretera abajo y el polvo que levantaban cubría las hojas de los árboles. Los troncos también estaban polvorientos, las hojas cayeron pronto ese año y vimos a las tropas pasar por la carretera, el polvo que levantaban y las hojas que caían agitadas por la brisa mientras los soldados desfilaban, y luego la carretera blanca y vacía, a excepción de las hojas.[9]

Como dijo Joan Didion, estas frases dictan «cierta manera de mirar el mundo, una manera de mirar pero sin ser partícipe, una manera de desenvolverse pero sin vincularse, una especie de individualismo romántico claramente adaptado a su momento y su entorno». El momento era 1929, aunque la acción de la novela se sitúa en 1917, el penúltimo año de la Primera Guerra Mundial y el año del desastre militar italiano.

Cierta manera de mirar las cosas y un modo de expresarlas. El párrafo está escrito en inglés con palabras de una y a veces dos sílabas, palabras muy simples, palabras de la naturaleza: río, llanura, guijarros, árboles, polvo. Palabras nativas. Es lenguaje primario, el lenguaje de un mundo mejor y por alguna razón más auténtico, repetitivo en busca de efecto y casi litúrgico en el uso de conjunciones frecuentes, un sello de la escritura de Hemingway. Cayeron las hojas... *y* vimos... *y* el polvo... *y* las hojas... *y* los soldados... Es realismo, pero con un sesgo. Es una voz, además de un estilo. Hemingway era un escritor sentimental, al menos según la clasificación de Pamuk. Las palabras no manan sin más, como por ejemplo manaban de Jack Kerouac y Thomas Wolfe, quienes escribieron libros de los que hubo que eliminar cientos de páginas.

Estaba en Pensacola una tarde, ya después de la guerra, caminando por la calle, cuando me detuve a mirar el escaparate de una librería. Había un libro con una cubierta llamativa titulado *La ciudad y el campo*. El nombre del autor atrajo mi atención: John Kerouac. Conocía a un Jack Kerouac con el que había estudiado en el instituto y que entonces escribía relatos. ¿Sería él?

Entré y busqué el libro. En la solapa había una fotografía. Lo reconocí inmediatamente. Me quedé atónito. Iba un curso por delante del mío en el instituto, al igual que todos sus amigos. Era fornido y atlético, corría muy rápido. Jugaba al fútbol americano. Sabía que se había ido a Columbia a jugar. Leí varias páginas del libro, y lo compré y me lo llevé a casa.

«Esto lo escribió Jack Kerouac», le dije a mi mujer, enseñándoselo.

A ella no la conocí hasta mucho después del instituto, así que tuve que ponerla en antecedentes. Le expliqué quién era, pero no le expliqué cómo me había sentido al ver su libro: celoso, incluso asqueado de envidia, superado.

Mi mujer no veía con especial simpatía mi interés por la escritura. Tampoco se oponía; le era indiferente. Pero yo, caminando de uniforme por una calle en Pensacola, de pronto me había topado con la imagen de una vida distinta a la que yo vivía.

La ciudad y el campo del título eran Nueva York —donde Kerouac conoció a las figuras fundamentales de su vida, William Burroughs, Allen Ginsberg, Neal Cassady, y también a varias de las mujeres con las que se casó— y Lowell, Massachusetts, su pueblo natal. La escritura está marcadamente influida por Thomas Wolfe. Yo había leído a Thomas Wolfe, las tres novelas colosales, sus largas, exuberantes descripciones de lo prosaico y su naturaleza insaciable, su búsqueda de sentido y amor, que a veces acaban en pie yámbico, la señora Jack, Esther Jack, sacada de su propia vida. Fue esa exuberancia lo que Kerouac encontró en él y transformó en una fuerza torrencial para que la elegía sonara a jazz. Leí *La ciudad y el campo*; me conmovió profundamente el mero hecho de que se hubiera escrito.

Yo nunca había escrito una novela, aunque lo había intentado. Había escrito varios cuentos. En un momento dado escribí uno mucho más largo y se lo enseñé a un buen amigo. Su novia y él lo leyeron y me aconsejaron que lo rompiera. Es una lección de humildad escribir algo sobre ti mismo y verlo ridiculizado. Claro que yo había fingido que no era sobre mí, pero se traslucía en cada página.

No sé de dónde sale el afán de escribir. No creo que sea innato, pero llega pronto. Yo no albergaba un demon, como al parecer le ocurría a Faulkner, o a D.H. Lawrence, pero hay escritores que no están poseídos de ese modo. No creo que fuera el caso de Ford Madox Ford. John Updike no tenía demon. Tampoco Lampedusa. Sea como sea, el genio obra a su antojo. Lo mío era sólo un deseo que podría haber durado hasta cierto punto. Entonces apareció en mi camino una figura compasiva. Era un agente que había dirigido mucho tiempo una revista, y que me aceptó a pesar de que no hubiera publicado ni pudiera mostrar nada aparte de aquel único intento, pero yo había seguido trabajándolo y le pareció lo bastante bueno para presentarlo.

En mi otra vida, me habían destinado al transporte aéreo. Era aburrido, pero eres joven; los nombres de lugares lejanos significan algo para ti. Nadie pensaba que habría una guerra; eso se había acabado. Hablo de 1946, cuatro años antes de que la Guerra de Corea estallara de repente, como una tormenta, casi pareció que de la noche a la mañana. Cuando eso ocurrió, yo estaba en el cuerpo de cazas y ansioso por entrar en combate. Sería ridículo morir en un caza y que no fuera en la guerra. Fue operístico, decir adiós y cargar con el miedo de no volver... sin confesarlo nunca.

En algún momento recibí una nota de mi agente: *Harper's* había rechazado el manuscrito, pero, al devolverlo, el editor había dicho: «Si escribe otro libro, nos interesaría verlo.» Así que por fin era escritor. O quizá lo sería al cabo de cinco años. Ése fue el tiempo que transcurrió desde el momento en que volví a empezar hasta que terminé.

La novela que empecé fue *Pilotos de caza.* Supe desde el principio cuál sería el estilo, pero no la forma. No podía encontrarla, por más vueltas que le daba y a pesar de que prácticamente la veía, es decir, la imaginaba escrita. Hasta que un día la vi clara. Me senté y escribí en la zona en blanco de un mapa el esbozo de la novela en capítulos. Me la aceptaron e incluso me mandaron un contrato para otra.

Los escritores que me gustan son los que tienen un don para observar de cerca. Todo está en los detalles. Mis objetivos al escribir no se alejan tanto de los de Flaubert: realismo, objetividad y estilo. Frases que encajan como si ésa fuese su única razón de ser, pero no están ahí por sí solas. Hubo un tiempo en que sentía que quería escribir un libro de páginas perfectas, pero acabé por darme cuenta de que era demasiado restrictivo. Todavía concedo mucha importancia al estilo. Me parece que el estilo es lo que perdura.

Fuimos no hace mucho, mi mujer y yo, a visitar la tumba de Flaubert en Ruán. Era una peregrinación, supongo; he hecho varias, no tanto en homenaje, sino sencillamente para estar ahí y pensar. La tumba de Willa Cather es preciosa. Está en New Hampshire, en un lugar llamado Jaffrey Center, donde ella solía veranear. En la lápida hay una línea de *Mi Ántonia*: «Eso es la felicidad, diluirse dentro de algo completo y grandioso.»[10]

La tumba de Flaubert es modesta; está prácticamente oculta entre otras, una losa sin más inscripción que «Aquí yace Gustave Flaubert, nacido en Ruán», y las fechas. Su verdadero monumento, por supuesto, está en todas partes.

Thomas Wolfe escribió una última carta, ya moribundo, a su primer editor, Maxwell Perkins, a quien más tarde abandonó. Es su genuina voz romántica:

> Siempre pensaré en usted y lo recordaré como aquel 4 de julio hace tres años cuando me encontró en el barco, y salimos al café junto al río y tomamos una copa y luego subimos a la azotea de aquel edificio alto, y toda la extrañeza y la gloria y la fuerza de la vida y de la ciudad quedaban a nuestros pies.

Creo que lo dejaré aquí.

La próxima vez me propongo hablar de cómo escribir una novela.

Escribir novelas

Las novelas son más largas que los cuentos y, en virtud de esa extensión, o digamos amplitud, tienen la oportunidad —la obligación, de hecho— de ser más complejas y posiblemente implicar a más personajes, llámeseles personas. La mayoría de las novelas son narrativas, o sea, lineales en la forma y fieles a la cronología, van hacia delante o fluctúan en idas y venidas en el tiempo. La narrativa cuenta una historia, y las historias son la esencia de las cosas, el elemento fundamental. E.M. Forster, en *Aspectos de la novela*, un ensayo inglés ligeramente anticuado, habla de la importancia de contar una historia y las habilidades de una de sus más brillantes artífices, la perspicaz hija del visir, Sherezade.

Y aunque era una gran novelista, exquisita en sus descripciones, prudente en sus juicios, ingeniosa para narrar incidentes, avanzada en su moral, elocuente en la caracterización de personajes y experta conocedora de tres capitales de Oriente, no recurrió a ninguna de estas dotes al intentar salvar la vida ante su intolerable marido. No eran más que un elemento secundario. Si sobrevivió fue gracias a que se las compuso para que el rey se preguntara siempre qué ocurriría a continuación. Cada vez que veía amanecer se detenía en mitad de una frase, dejándole boquiabierto. «En este momento, Sherezade vio rayar las primeras luces el alba y, discreta, guardó silencio.»[11]

Esa última frase, como advierte Forster, es la clave de *Las mil y una noches*: Sherezade guardaba silencio. ¿Qué pasaba a continuación? Las ganas de saber, que son el motor de la literatura: por favor, sigue contando la historia.

La trama es algo más que la historia. Incluye los elementos causales y las sorpresas. La historia de *Lolita* es sencilla: Humbert descubre a Lolita, y digamos que la seduce, la hace pasar por su presunta hija, una situación detestable pero embriagadora, y un rival se la roba. Él se lanza en su búsqueda, los encuentra y mata al ladrón. Pero es la trama, con sus muchos destellos cómicos, la progresiva revelación de los motivos y los incidentes grotescos, la que lo engrandece. *Lolita* al principio fue malinterpretada, como es natural, y se salvó del previsible olvido o de acabar en el anaquel de los libros picantes gracias a Graham Greene, que la incluyó en su lista en el *Times* como uno de los tres mejores libros del año, y le concedió de ese modo respaldo literario. Nabokov era entonces un escritor poco conocido.

Voy a intentar hablar sobre escribir novelas, pero debo advertir de antemano que tal vez no sea sobre la novela que ustedes están pensando escribir, o han empezado a escribir, o quizá tengan medio terminada. En realidad, es sobre las novelas de ciertas personas. No pretendo que sean lecciones sobre cómo se hace.

De hecho, no creo que nadie pueda enseñarles cómo se escribe una novela, o al menos no en una hora. Es difícil escribir novelas. Has de tener la idea y los personajes, aunque quizá se añadan personajes sobre la marcha. Necesitas la historia. Necesitas, si me permiten decirlo así, la forma: ¿Qué extensión va a tener el libro? ¿Estará escrito en párrafos largos? ¿Cortos? ¿En qué persona narrativa? ¿Mantendrá un hilo conductor o se dispersará en todas direcciones? ¿Cómo será de denso? Cuando tienes la forma, puedes escribir la novela. Cuando tienes el estilo. El estilo. Dónde te sitúas como escritor. Tus prejuicios. Tu posicionamiento moral. El modo en que ese libro debería leerse. Y después necesitas un comienzo. «Dos cordilleras atraviesan la República, casi de norte a sur...»,[12] las contenidas primeras palabras del suplicio final del cónsul en *Bajo el volcán*. El comienzo es de suma importancia. Ya mencioné el comienzo de *Adiós a las armas*. Todo está en esas primeras frases: la guerra de la que procuran apartarse o de la que huyen. Por el momento se encuentran protegidos, viéndola pasar, pero su destino está ligado a ella.

Una de las cosas más difíciles, según decía García Márquez, es el primer párrafo. Había pasado meses con un primer párrafo, explicaba, pero una vez lo consiguió, el resto fue sencillo. Tenía el estilo, el tono, pero el problema era cómo empezar a plasmarlo. El primer párrafo daba la pauta de lo que sería el resto del libro.

El principio, cómo empieza. Después de eso, escrito en orden o en desorden, viene el resto, escena a escena, página a página. Es una tarea prolongada. Como escritor, te enfrentas constantemente a la necesidad de visualizar una escena, o una secuencia, o un sentimiento, para a continuación, de la manera más cabal que puedas, ponerlo en palabras. Hay muchos intentos fallidos, al tratar de arrancarse de dentro algo que a veces es inexpresable. Es una labor con muchos aspectos, demasiados, y al menos uno de ellos debe quedar al fin escrito de un modo lineal, palabra por palabra, hasta el punto de llegar casi a perder el interés. Hay siempre demasiadas opciones, o no hay ninguna, ninguna vía posible. Al principio eres capaz de escribir en cualquier sitio, pero has de dedicarle tiempo a escribir, has de escribir en lugar de vivir. Has de dar mucho para recibir algo. Recibes sólo un poco, pero es algo. No hay valores establecidos; das mucho a cambio de nada; haces todo a cambio de apenas nada, como al principio Justine hacía el amor a cambio de una camisa de algodón.

Si de verdad es así, si es tan difícil y para casi todo el mundo hay tan poco que ganar, poco dinero... Bueno, de hecho, es una manera de ganar dinero; no necesitas nada para empezar, salvo las palabras. Pero ¿cuál es el impulso? ¿Por qué se escribe? Ahí está la esencia. Entonces, ¿por qué?

Bueno, ciertamente por placer, aunque está claro que no es un placer tan grande. En ese caso, para complacer a otros. He escrito con eso en mente a veces, pensando en ciertas personas, pero sería más honesto decir que he escrito para que otros me admiren, para que me quieran, para ser elogiado, reconocido. A fin de cuentas, ésa es la única razón. El resultado apenas tiene nada que ver. Ninguna de esas razones da la fuerza del deseo.

Siempre pienso en Paul Léautaud, un viejo crítico teatral, pobre, casi olvidado. Al final, cuando vivía solo con una docena de gatos, escribió: «*Écrire! Quelle chose merveilleuse!*»

Eres el héroe de tu propia vida: te pertenece sólo a ti, y a menudo es la base de una primera novela. Ninguna otra historia está más a tu alcance para que dispongas de ella. Philip Roth escribió su primer libro, *Goodbye, Columbus*, sobre sí mismo y un amor de juventud con una chica en Nueva Jersey. Ese segmento de su vida es la historia, y sus complicaciones conforman la trama.

Voltaire escribió *Cándido* como crítica social, lo hizo de un tirón cuando tenía sesenta y cinco años.

Theodore Dreiser visitó a su amigo Arthur Henry el verano de 1899 en Maumee, Ohio. Henry estaba trabajando en una novela. «¿Por qué no escribes una tú también?», le sugirió a Dreiser. Éste se sentó, cogió una hoja de papel y escribió en la parte superior: *Nuestra hermana Carrie.*

Dreiser era hijo de una familia de diez hermanos que se crió en la pobreza en Warsaw, Indiana. Un maestro bondadoso pagó sus estudios para que fuera a la universidad, aunque no acabó la carrera. Dos de sus hermanas, entretanto, se habían quedado embarazadas o se fugaron de casa. Dreiser empezó a trabajar como cobrador en los barrios bajos de Chicago, pero tenía un ojo perspicaz y ávido, alentado por las cosas que leía en los periódicos. Mandó varios artículos a uno de ellos y pronto pasó a ser un escritor de éxito, y luego reportero y director de una revista. Tenía veintiocho años cuando empezó a escribir *Nuestra hermana Carrie*, sin una idea preconcebida, sin saber siquiera de qué trataría. Se limitó a echar mano de sus vivencias y permitió que la memoria dispusiera las cosas con apenas un ligero temblor. Tardó cuatro meses en escribir el libro, incluido el abandono al concluir que era pésimo. Sin embargo, tenía poco que perder. *Carrie* se publicó en un mundo en el que uno de los temas establecidos de la ficción era el de la virtud mancillada que al final triunfa. Fue retirada de circulación enseguida por razones morales. Dreiser conocía un mundo de una realidad más amplia y el rudo mercantilismo de muchas ciudades: Chicago, St. Louis, Pittsburgh, Nueva York. Había leído a Nietzsche, Balzac y Zola, y lo fascinaban ideas vagas de un superhombre, así como el dios del dinero y los reyes del dinero. Sabía que «la vileza del individuo, para ser amada, debe vestirse de gloria», dijo Robert Penn Warren, y esa ambición ardió en él toda su vida. Se le escapó el Premio Nobel, que le fue concedido en cambio a Sinclair

Lewis. Dreiser era un mal escritor, repetitivo, vulgar, previsible y falaz, pero también era un gran contador de historias, infatigable y desbordante de ideas. Además, fue el primer escritor estadounidense que procedía de los barrios bajos. Samuel Clemens también, pero en un sentido distinto.

¿Por qué hablo tanto de Dreiser, una presencia contundente, excesiva, que cree que la base materialista de la vida es la verdad fundamental? No es por eso. Los libros que escribió se acercan tanto a su propia vida de ciudades, bares, restaurantes y burdeles, de éxito y fracaso, del miedo a no llegar a nada, que resulta difícil saber qué añadió para convertirlo en ficción. Lo relevante es su visión del orden establecido, su conocimiento de la vida en el estrato más bajo, que intenta ascender a través de las impenetrables capas de la sociedad, que trata de hacerse un lugar.

John O'Hara era hijo de un médico, pero siempre se sintió como si proviniera de los barrios bajos. Resentía profundamente no haber ido a Princeton o Yale, ser «distinto». Fue reportero de prensa y desarrolló, como Dreiser, el hábito de la observación minuciosa junto con un conocimiento nada romántico de la conducta humana. La soltura para escribir y un buen olfato para las historias son ventajas, también, de una vida dedicada al periodismo. En los cuentos de O'Hara hay cientos de personajes, y a menudo no se molestaba en trazar más que un apunte, sin ahondar demasiado. Su método consistía en colocar una hoja en blanco en la máquina de escribir e imaginar dos caras, de alguien a quien quizá hubiera visto en el tren, y, sin saber nada sobre esas dos personas, las hacía coincidir en un restaurante, o en un avión, y dejaba que se pusieran a hablar, al principio de cosas triviales durante una o dos páginas, hasta que empezaban a cobrar vida. Era todo a través del diálogo. A medida que hablaban, uno u otro acababa diciendo algo tan revelador que a partir de ahí sólo era cuestión de hasta dónde decidiera él seguir interesado en sus personajes. Era un gran escritor de diálogos, hábil en el vituperio y el matiz social —el lugar de cada uno en la escala—, y las historias se le ocurrían en abundancia.

Al abordar una novela, O'Hara era minucioso con los personajes que aparecían, y los elaboraba a conciencia. Todos los detalles personales están ahí, la vestimenta, y quizá incluso las tiendas de donde procedía la ropa, las costumbres, virtudes, defectos. Recrea con tanta meticulosidad la escena que, de hecho, puedes verla: la pistolera y los guantes de cuero del agente de policía, su sombrero, dónde ha aparcado el coche y por qué, y también ante quién agacha la cabeza y de quién sabe algún episodio sórdido. Ves la sociedad que O'Hara está describiendo y te estremeces un poco al imaginar adónde llevarán esos prejuicios tan enraizados y esos comentarios inesperados.

Esa gente, esos personajes, ¿están sacados de la vida? ¿Se basan físicamente y en lo demás, en personas reales? Sus actos y algo de lo que dicen o los rasgos de su habla, ¿se extraen de la vida? Creo que ustedes saben —aunque entre los escritores siempre existe cierta susceptibilidad al respecto, como si inspirarse en la vida, admitirlo, fuese una renuncia al arte— que, por supuesto, muchos o la mayoría de los personajes de ficción están tomados de la vida, o al menos en buena medida. Bastaría una somera investigación para zanjar cualquier duda.

Saul Bellow reconocía que sus personajes se basaban en personas reales, pero que él siempre añadía algo. Les daba un poco más de chispa, decía. En un ejemplar de un libro que Colum McCann firmó para una subasta de primeras ediciones, junto al descargo de responsabilidad donde se declara que el libro es una obra de ficción, que los nombres, personajes, lugares e incidentes son producto de la imaginación del autor, o están tratados de manera ficticia, y que cualquier parecido con sucesos, escenarios o personas reales, vivas o muertas, es pura coincidencia, junto a todo esto McCann escribió simplemente: «Chorradas.»

Los escritores siempre han tomado lo que necesitaban de la realidad y a veces más de lo que necesitaban. Las circunstancias determinan las consecuencias. Hay quien considera un halago aparecer en un libro, dependiendo del retrato, claro. Hay quien se ofende o se siente ultrajado por ver una presunta versión de sí mismo expuesta al público, grandes figuras políticas aparte. Satirizar es algo lícito.

Para el personaje del piloto oportunista de *Pilotos de caza* me inspiré en la figura de un conocido teniente, con la certeza de que leería el libro. Años después, más de sesenta, la verificadora de datos del *New Yorker* lo encontró en una guía telefónica de Florida y lo llamó.

Hola, dijo una voz evasiva.

Hola. ¿Es usted James Low?

Sí, ¿con quién hablo?

Era la verificadora de datos del *New Yorker*, le dijo. Sólo quería hacerle un par de preguntas.

Justo estoy preparándome un martini, dijo él. Adelante.

Quisiera saber si es usted el James Low que voló en Corea.

Sí.

¿Conoce a James Salter?

¿Sigue vivo?, dijo Low.

Componer una novela es un proceso largo —gente, lugares— y no es posible retenerlo todo en la cabeza. Hay demasiados detalles. «Has de tener una capacidad enorme de resistencia para ser novelista —dijo Anthony Powell—. Tienes que hacer un montón de tareas aburridas y perseverar día tras día, y si no eres capaz de eso, poco importa que tengas toda la imaginación del mundo.» Según él, era una cuestión de aguante, «como casi todo en la vida».

Debes tener presentes muchas cosas, incluso más allá de dónde está cada cual y qué ha ocurrido. ¿Has dicho esto antes? ¿Se te ha pasado escribir aquello? ¿Has usado demasiado esta palabra concreta? Según de qué palabra se trate, puede que con aparecer una sola vez en un libro ya baste. Inevitablemente hay notas clavadas en la pared o pegadas en un guión.

John Masters, un novelista que había sido general en el ejército de la India, escribía en unas fichas grandes la biografía y la descripción de cada personaje de su libro, a fin de poder evocarlos en cualquier momento y de que fuesen coherentes. Céline, cuando vivía en Meudon, a las afueras de París, después de la guerra, trabajaba en una mesa de cocina sobre la que había un cordel para tender la ropa. En el cordel colgaba los capítulos del libro que estaba escribiendo. Entonces ya había caído en desgracia. Después de la guerra lo encarcelaron por colaboracionismo con los nazis. Lo habían declarado una vergüenza nacional.

En los años treinta, Céline era la estrella deslumbrante —o el meteoro, más bien, casi fuera de la escala de magnitud— tras la publicación de *Viaje al fin de la noche* seguida de *Muerte a crédito*. Resultó herido en la Primera Guerra Mundial y después estudió Medicina. Ejerció la profesión y trabajó en clínicas para los pobres. Tenía un marcado sentido del idealismo y simpatía por el hombre corriente, y resulta difícil poner en duda su honestidad. Además, era un acérrimo antisemita y sus panfletos anteriores a la guerra eran tan infames que resultan ahora imposibles de encontrar.

Sin embargo, Céline había inventado un nuevo estilo de escritura, un asalto al lenguaje, en estallidos mordaces donde caben la vulgaridad y la jerga de la calle, la obscenidad, el improperio, todo ello separado por elipsis reiteradas, puntos suspensivos... He mencionado el estilo. Las ideas no son nada, decía Céline. Si quieres ideas, las enciclopedias están llenas de ideas. Y lo mismo con los mensajes, los significados. «*Ce n'est pas mon domaine, les idées, les messages.* [...] *Je suis un homme à style.*» La suya era una voz nueva, un estilo nuevo y brillante. Un estilo amargo y misántropo, nihilista, una danza de la muerte, idealismo y cinismo extremo entreverados. Escribía en primera persona.

No había manera de escapar a esa voz, y su audacia la hacía extrañamente liberadora, y la hipérbole la hacía cómica.

En *Muerte a crédito*, el personaje principal, Ferdinand, está esperando un tren en la Gare du Nord y su madre lo abraza.

> Tenía vergüenza también, mucha. [...] Me abrazaba con tal fuerza, en un acceso tan violento, que me tambaleé... La fuerza de un caballo en ternura, que le subía en esos casos del fondo de su deforme cuerpo... La empapaban por adelantado, las separaciones. La volvían del revés completamente, un tornado temible, como si el alma le hubiera salido por el trasero, por los ojos, por el vientre, por el pecho, me inundara completamente, iluminase la estación... [...] No me atrevía a reconocerlo, pero, de todos modos, aún sentía en el fondo como una curiosidad... Me habría gustado saber hasta dónde podría llegar en las efusiones... A qué fondo de guarrerías iba a buscar todo eso.[13]

A Ferdinand nunca se lo ha redimido. Permanece oficialmente excluido. Es el asesino convicto del que las mujeres no pueden evitar enamorarse aunque más vale no conocer.

Céline creía que hay que pagar por lo que uno escribe; no es de balde. «Hay que pagar. Una historia inventada carece de valor. La única historia que cuenta es aquella por la que debes pagar. Cuando has pagado, entonces tienes derecho a transformarla.»

Y el nihilismo tiene su precio.

«Llega un momento en que estás solo —escribió Céline mucho antes de que le ocurriera de veras—, cuando has llegado al final de todo lo que te podría ocurrir. Es el fin del mundo. El propio dolor, tu dolor, ya no te contesta, y entonces has de volver sobre tus pasos, entre los hombres, no importa cuáles.»

Existe la impresión, nacida de la amistad o la cercanía en ciertos círculos de escritores, de que el talento estimula el talento y el trabajo se beneficia del compromiso mutuo y el intercambio de sugerencias. Tal vez eso se dé más entre los pintores, pero en cualquier caso no encaja en el caso de Céline, que empezó solo (de hecho, con sus viajes a África y, después de la guerra, a Estados Unidos) y acabó solo.

En general, los libros importantes no se escribieron para ser importantes. Con el tiempo llegaron a serlo. Por importantes quiero decir los que se consideran como tales. Los de referencia. No puedo imaginar que *El guardián entre el centeno* se escribiera con la intención de que fuese un libro importante, significativo o de esos que cambian la vida. Creo que simplemente era un libro sincero. *Matar a un ruiseñor* tampoco muestra indicios de ese afán de trascender, aunque no sé lo que Harper Lee sentía en el fondo. Fitzgerald pensaba que todos sus libros eran importantes. *El gran Gatsby* era un libro breve, de sólo 214 páginas, pero se empeñó en que el editor lo vendiera al mismo precio que sus obras más largas. *La montaña mágica* debió de escribirse teniendo muy presente su trascendencia, y más conociendo a Thomas Mann. Y, desde luego, *La muerte en Venecia*: el escritor maduro, Aschenbach, su rectitud y disciplina, la belleza del joven Tadzio, de catorce años, hijo de una familia aristocrática polaca. *La muerte en Venecia* es un libro filosófico, serio, oscuramente poético: el amor y la muerte, las dos grandes cuestiones primordiales. Aschenbach apenas le habla, y menos aún toca, al muchacho. La Venecia de Byron, la Venecia de Eleonora Duse, las plazoletas soleadas, y canal tras canal los magníficos palacios flotantes, góndolas silenciosas, los negros profundos. Aschenbach comprendió, de forma inconsciente y con turbación erótica, que «estaba destinado» a ir allí a morir. Resulta inevitable pensar en la novela de John O'Hara, *Cita en Samarra*, otro lugar adonde el destino te envía sin avisar al encuentro de la muerte.

Toda historia, como dijo Flaherty, es el tema del lugar donde transcurre.

A sangre fría, de Capote, se desarrolla en los campos de trigo de Kansas. Hay una figura central, el detective, y luego está el crimen real. Capote leyó por azar una crónica del suceso, relativamente breve, en el periódico. Le intrigó. Era sobrecogedor, no más terrible que otros crímenes comunes, pero de mayor transgresión: una granja asaltada durante la noche y sus ocupantes asesinados uno a uno, hasta que sólo queda la joven hija que, al oír los disparos y entender lo que significan, se queda inmóvil mientras los dos hombres suben las escaleras y se acercan. Capote tenía el comienzo, y el libro se escribió a la par que avanzaba la investigación, de donde iba saliendo la trama; o argumento, más que trama. Todo es cierto, y también es cierto que se lee más como una novela que como un caso policial. Tiene el tono y los ritmos de una novela. Parte de su fascinación es que el libro se escribe sin un final a la vista, avanzando por el filo, como decía Joyce: «El azar me brinda lo que necesito.» Por suerte el final llegó, inesperadamente; dieron con los asesinos. Y aún hay otro final, de gran fuerza emotiva, cuando el escritor asiste a la ejecución en todo su despliegue escalofriante, y la compasión que le inspiran esos dos hombres cala en nosotros.

Alejandría, la ciudad, es el elemento esencial de las cuatro novelas de Durrell. La ciudad es soleada, ancestral, sin urgencias, y aunque ya no podamos esperar conocerla tal como era, su historia y su leyenda nos atrapan. Los personajes, incluso por sus nombres (Justine, Balthazar, Nessim y Mountolive), no pueden existir más que en ese reducto de la antigüedad.

Balthazar ha salido de la Biblia. Mountolive también. Nessim es el nombre de un príncipe. Y el propio Cavafis es el viejo poeta, el poeta de la ciudad, como lo llama.

Las novelas de Saul Bellow salen de Chicago, y lo anuncian de entrada: «Soy norteamericano, de Chicago.»[14] Eso es lo que has de saber, si es que quieres saber algo de mí, fanfarroneaba Augie March. La familia procedía de Canadá, donde el padre de Bellow era contrabandista. Vivían en Cortez Street, en el segundo piso, y «en la casa de al lado vivía el chico al que tenía en mente mientras escribía *Augie March*», contó Bellow. Era un Chicago donde trabajabas en panaderías y tenías un pequeño negocio de leña y carbón, y Bellow, con veintiún años, se sentaba a escribir a una mesa de caballetes en el dormitorio trasero del apartamento de su suegra.

Y luego está Lübeck, con toda su solidez y dignidad mercantil, en *Los Buddenbrook*, o Quauhnáhuac, con las cantinas y las callejas tortuosas, en *Bajo el volcán*. Esos lugares no son meros escenarios; son una preordinación de edificios, calles y nombres que se convierten en una realidad familiar para ti y que no existen en otra parte.

No puedes volver a ellos, a esos lugares, porque han desaparecido, como las grandes ciudades junto a los ríos de la India que emergieron y al cabo de mil años se desvanecieron, aunque sólo se hayan transformado en centros comerciales, cromo y vidrio, y cadenas de hoteles. Bueno, quizá no sea el caso de Egipto, que es inmutable.

Antes he mencionado a Léautaud, un crítico temido y guardián de los preceptos, severo en sus juicios. Con el tiempo se quedó desfasado y convertido en un anacronismo. Acabó siendo un viejo que vivía rodeado de gatos, con malas pintas y vestido como un desharrapado. Al final de todo también fue, inesperadamente, una especie de celebridad, resucitado de manera fugaz por la televisión. Sus diarios, publicados después de su muerte, tenían muchos cientos de páginas, y se esperaban con expectación, porque Léautaud era malicioso e indiscreto y se sabía que contenían detalles eróticos de las visitas semanales a la que fue su amante y flagelo, Anne Cayssac. Si no me equivoco, la llamaba «la Pantera».

No recuerdo por qué me interesé en Léautaud más allá de su historia personal, pero empecé a leer los diarios; estaban en francés, naturalmente, y todavía los conservo en algún estante de mi biblioteca. Al mismo tiempo empecé a leer las memorias del duque de Saint-Simon, un poco más interesantes, aunque al final las transacciones en la corte de Luis XIV en Versalles o el mundo de los intelectuales de París antes de la guerra sólo interesan hasta cierto punto.

Soy amigo de Wally Shawn, el escritor y actor dramático, y su esposa, Deborah Eisenberg, y hace unos años se me ocurrió preguntarles si conocían cierto restaurante que nos quedaba cerca, en la esquina con la calle 46, en el barrio de los teatros.

¿Conocerlo? Íbamos siempre allí. El hombre más poderoso de Nueva York comía allí a diario. Nos aterrorizaba el mero hecho de pasar junto a su mesa.

El hombre más poderoso, ¿quién era? ¿Un mafioso?

Frank Rich, dijeron.

¿Frank Rich?

Era el crítico de teatro principal del *Times*.

¿Os daba miedo Frank Rich?

Controlaba todo Nueva York, dijeron. Podía liquidarte.

No sé si Léautaud era tan poderoso, pero varias reflexiones suyas se me quedaron grabadas. Una de ellas era: Aprende a seleccionar. También dijo: Tu lengua es tu patria. He pensado mucho sobre esa cuestión, y me parece que prefiero darle la vuelta: tu patria es tu lengua. Tiene un sentido similar en ambos casos. Tanto si tu verdadera patria no es geográfica sino lingüística, como si de verdad vives en una lengua, presumiblemente tu lengua materna. Tu lealtad vital, frente a tu lealtad patriótica, se debe a la lengua.

Yo respeto la lengua, tal vez demasiado. Soy susceptible a su influencia, y creo que para mí es un vehículo de los recuerdos tanto como lo son las imágenes que infunden la memoria, que de hecho la componen y pueden acudir tan rápido y reemplazarse con tanta inmediatez que si tuvieran presencia física serían abrumadoras, pero no tienen más presencia que la neuronal, y en muchos sentidos escapan a nuestra capacidad de control.

En cualquier caso, ¿cómo seleccionar?

Los escritores tienen cierta afinidad con los pintores. A mí, por ejemplo, me gusta ir a ver cuadros y pensar, como suelo hacer, en lo que estoy escribiendo o podría escribir. Con los pintores, antes de nada, está su percepción de las cosas. Y luego lo que eligen pintar, a veces de un modo que parece despreocupado. Siempre pienso que debería poner más empeño y observar los diversos estudios y esbozos previos a una obra fundamental, la enorme preparación y los ensayos de ideas, a partir de los cuales, de una u otra manera, surge el cuadro. En el caso del paisaje, por supuesto, está la representación absoluta, inalterable, de un lugar real, algo que también puede «verse» en una novela, aunque en un plano de visión distinto.

Los fondos, también, cuando te fijas, son instructivos, y a veces sorprendentemente anodinos. Se te había pasado por alto porque el cuadro se compuso de manera que la atención nunca fuera al fondo. Lo escamotearon sin que te dieras cuenta.

También está el color, el azul, el increíble azul del canapé en el retrato al pastel que Manet hizo de su madre. Está el rojo de la habitación roja de Matisse. No es que los colores evoquen o sugieran nada en particular, pero en cierto modo te predisponen. El caballo blanco de Gauguin es verde.

Luego está lo que roban, toman prestado, adaptan unos de otros. El primer Gauguin se parece a Pissarro o a Sisley, Seurat se parece a Pissarro, Van Gogh a Utrillo.

Y qué cuidado hay que tener con lo almibarado, lo dulce. Qué empalagoso puede llegar a ser.

Contemplas los cuadros en silencio, y eso se agradece.

Escribir novelas es difícil.

He mencionado la cuestión de las opciones. Evelyn Waugh, un escritor al que, si se está avisado, conviene acercarse con cautela, explicó:

> Si los aficionados pudieran meterse en la cabeza que escribir novelas es un oficio laborioso y muy cualificado... No consiste en sentarse detrás de un biombo y anotar las conversaciones de los demás. El material en bruto es el cúmulo de todo lo que has visto, oído o sentido en tu vida, y debes examinar ese inmenso montón de escoria humeante

que es la experiencia, medio sofocado por los vapores y el polvo, rascando y escarbando hasta encontrar entre los descartes unos pocos objetos de valor. Entonces hay que ensamblar esos fragmentos deslucidos y abollados, pulirlos, ordenarlos y tratar de disponerlos de un modo coherente y significativo. No se trata de llenar a la brava un bidón de basura y luego vaciarlo de nuevo.

La meta de todo escritor, dijo Cyril Connolly, es escribir una obra maestra. Y cada tanto alguien lo hace, para disgusto de otros escritores que creen que sólo hay cierto número de verdaderas obras maestras y ahora alguien se ha anotado una más.

Quería hablar de la Albany de William Kennedy y de su novela *«Legs» Diamond*, y también de los finales de los libros. John Irving siempre escribe la última línea, la tiene antes de empezar a escribir, y dice que escribe hacia esa línea. Tenía intención de hablar un poco sobre James Jones y la escuela de escritura que fundó con Lowney Handy, pero la verdad es que creo que por el momento ya he dicho bastante.

Convertir la vida en arte

En sus diarios, Bertolt Brecht escribe sobre cuestiones tales como la esencia del arte, que describe como simplicidad, grandeza y sensibilidad, y su forma, el desapego.

Repasando los cuadernos donde anotaba mis impresiones durante la etapa central de mi vida de escritor, de 1962 en adelante, no encuentro demasiadas conclusiones de esa clase. Hay más nombres que ideas, nombres no necesariamente muy conocidos, o que a veces ni siquiera reconozco... Iris Gazelle, ¿quién debía de ser? Jay Julian. Hay buenas descripciones y muchos retazos de conversación, diálogo, pero menos de lo que esperaba acerca de la escritura, de lo que estaba escribiendo, de lo que me parecía lo que había escrito. Los cuadernos en sí están escritos *comme ça*. Son apuntes, no están pensados para que nadie los lea. Hay páginas escritas con más esmero, cosas de las que lamentaría no recordar hasta el menor detalle.

Había llevado diarios o cuadernos desde que tenía veintitantos años, pero al igual que con la escritura misma, no había sabido bien cómo hacerlo. Empecé por anotarlo todo... cuando llegaba a escribir algo, claro está. Con el tiempo me di cuenta de que no debía guardar la bazofia.

Había escrito algunos cuentos, pero no tenían ningún valor. No sabía cómo seguir adelante. El problema con esos cuentos era su falta de forma y su vehemencia. Leía relatos en el *New Yorker* y en *Esquire* e intentaba imitarlos. Ese ejercicio de imitación era desalentador. Mis cuentos se parecían a los otros, pero de alguna manera podían distinguirse de los auténticos, o yo me convencí de que era así. Naturalmente, a veces no eran más que imitaciones de imitaciones, y nadie va buscando eso.

También tenía un problema de falta de confianza, que persistió incluso después de haber acabado una novela. Cuando por fin me decidí a cambiar de rumbo, a renunciar a mi rango en el ejército y empezar una nueva vida, el acto en sí fue sencillo: escribí una carta de dimisión y la entregué en mano. Pensé que habría alguna reacción, algún gesto apesadumbrado ante la marcha de un oficial de carrera con doce años de servicio, pero no fue así. La aceptaron con naturalidad, como si les entregara un par de botas. Aquella tarde me sentí conmocionado y deprimido. Quería hablar con alguien que me comprendiera. Mi antiguo teniente coronel, al que respetaba y que sabía que me apreciaba, estaba entonces destinado en Washington, y lo llamé por teléfono. Inmediatamente me invitó a cenar. Le conté lo que acababa de hacer y por qué, y lo que aspiraba a hacer. Me dijo: «Valiente idiota.»

No quería escribir en la ciudad. En la ciudad, todo el mundo estaba trabajando, o se iba al trabajo, o ya era tarde y había terminado la jornada. Y siempre estaba el rumor de fondo de la ciudad, como unos generadores enormes ocultos bajo tierra que a veces se acallaban, aunque no del todo. Si escuchabas con atención, en el silencio siempre estaban en marcha.

Tenía dos o tres amigos, artistas, que también llevaban una vida poco convencional, pero no estaban casados o no tenían hijos. A decir verdad, uno de ellos estaba casado con Yoko Ono (eso fue mucho antes de John Lennon), y era padre.

Intenté trabajar en varios sitios que me prestaron, pero no conseguía que me acompañara la confianza. Sólo me parecía posible en mi casa, a primera hora de la mañana, antes de que mi mujer y mis dos hijas pequeñas se despertaran, o cuando se iban a la cama. Escribía en nuestro dormitorio, en una mesa larga. Entonces era capaz de sentirme en paz conmigo mismo. Durante el día me preocupaba por cómo iba a arreglármelas para ganarme la vida. Disponía de algún dinero por la venta de los derechos de mi única novela para una película, la novela que me permitió creer que podría cambiar de vida, pero no duraría mucho. Gracias a mi experiencia de oficial de vuelo, me enrolé en la Guardia Aérea Nacional. La paga era modesta.

El primer cuento que me publicaron era sobre Barcelona. Hay dos chicas alemanas en la historia, ambas infelices. Por añadir algo más, diré que no pasa gran cosa. Una de las chicas está inspirada en alguien a quien conocí en un baile de *Fasching*. No recuerdo bien su disfraz, pero era como un traje de baño con escamas doradas y una falda. Su amigo en Barcelona era un hombre de los círculos literarios y con cierto aire de vividor. Conocía perfectamente la ciudad, aunque desapareció después de aquella primera noche. Al día siguiente fuimos a la playa. Y nada más. Ésa es la historia, pero la diferencia es que en este caso fui capaz de escribirla. Di con el lenguaje, con el aplomo. Sabía más bien poco sobre las chicas alemanas, y aun así pisé a fondo, como suele decirse. De alguna manera conseguí que valiera la pena.

Esperaba que el cuento impresionara a la gente. La mayoría no entendió el título, que estaba innecesariamente escrito en alemán, ni sabía que también era el título de un cuadro. No se me ocurrió que alguien pudiera no molestarse en averiguarlo; la autoridad del relato les obligaría a hacerlo.

¿El cuento es bueno? Es difícil saberlo; entonces lo era. Ahora me atrae por su alusión a todo el asunto nihilista de Tánger: Paul Bowles, Ginsberg, Burroughs, pero especialmente Francis Bacon y su amante sádico y borracho, antiguo miembro de la Fuerza Aérea británica, Peter Lacy, y la conmovedora pintura de paisaje que Bacon hizo allí.

El escritor no acostumbra a ser el más indicado para evaluar su propio trabajo, en cualquier caso. Escuché a Joe Heller una noche preguntarle a una mujer si había leído *Algo ha pasado*, una de sus novelas menos conocidas, pero relevante a pesar de todo. Sí, la había leído. «¿No es un libro maravilloso?», le preguntó él.

Era coherente. Le oí por casualidad en una entrevista con un periodista francés durante un congreso de escritores en París. Tras varias preguntas, el periodista dijo: «Sin embargo, monsieur Heller, después de *Trampa 22*, usted no ha vuelto a escribir algo tan bueno.»

«¿Y quién sí?», contestó Heller.

Los escritores siempre están juzgando a otros escritores, pero va en contra de sus intereses evaluarse con ese mismo rigor.

El escritor está escribiendo algo. Por la extensión de un libro y los diversos sentidos, aun ligeramente distintos, de ciertas palabras, o las variaciones del uso, puede ser que de hecho el lector interprete otra cosa, incluso el lector al que iba destinado.

En el fondo, escribir es sencillo. Es básico, como un martillo y unos clavos, o por decirlo de otra manera, como cantar una canción. O hablar solo. Hay reglas, eso sí. Hay gramática y sintaxis, la forma y la estructura de las frases y la relación y la disposición de las palabras, que aprendes, mal que bien, de pequeño escuchando e imitando, por repetición. Winston Churchill fue un estudiante flojo. En el internado lo consideraron demasiado torpe o terco para aprender latín y griego, y lo pusieron en clase de inglés, con otros bobos a los que creían ineptos para aprender algo de mayor dificultad. Según él mismo decía:

> Nos consideraban tan zoquetes que creían que sólo éramos capaces de aprender inglés, [...] ...exclusivamente inglés. [...] Así, me caló hasta la médula la estructura esencial de la oración británica común, algo de muy noble condición. Y cuando años más tarde aquellos compañeros de clase que habían recibido premios y distinciones por su composición de bellos poemas en latín... [...] tuvieron que retomar el in-

glés para ganarse la vida o para abrirse paso, no estaba, por tanto, en desventaja.[15]

Cultivar una intensa sensibilidad hacia la forma y el ritmo de las frases era parte del método de enseñanza en la escuela de escritura que James Jones y una mujer llamada Lowney Handy fundaron en Illinois en los años posteriores a la guerra. Jones se encontraba inmerso en el largo proceso de escritura de su novela *De aquí a la eternidad*, y Lowney Handy era su musa. Los alumnos dedicaban varias horas al día a copiar a mano pasajes de Hemingway, Faulkner y Thomas Wolfe, para impregnarse de su fuerza y carácter. Era el método mimético, que quizá no sea tan ridículo como suena.

Creo que enseñar a escribir se parece a enseñar a bailar. Si alguien tiene sentido del ritmo, quizá se le pueda enseñar algo. El anhelo de escribir existe, y los cursos de narrativa y de poesía han proliferado, tanto en las universidades como fuera de ellas. Los profesores suelen ser autores de renombre y están muy solicitados. Algunos son prácticamente gurús, con doctrinas y discípulos. En varias ciudades hay clases privadas con estudiantes selectos. Oyes hablar de una figura histriónica de aspecto extravagante, con botas y pantalones de montar, y quizá, el pelo largo y blanco como un profeta portador de una especie de icor literario, el fluido que corre por las venas de los dioses. Conoce de memoria un sinnúmero de grandes libros y autores —más y menos conocidos—, igual que un músico conoce un millar de piezas. Sólo dice la verdad, la verdad fundamental, sobre cualquier cosa, y la verdad sobre ti, como escritor y como persona, que por fuerza será implacable. Las clases son sesiones largas, se prolongan durante horas y no se puede interrumpir. No se aceptan preguntas. En ese ambiente cargado de intensidad, los alumnos leen sus textos en voz alta, y el profesor los ordena callar cuando han cometido suficientes errores. Para algunos bastan unas pocas frases. A otros les permite llegar al final. No debe sobreestimarse la importancia de la primera frase, les inculca. Simplemente abre el camino hacia la historia. Marca el tono y también dicta la frase siguiente. No empecéis nunca una frase con un adverbio: sólo dice lo que la frase misma debería revelar.

Así pues, su pasión, energía y compromiso son enormes. Ése es el método del campamento militar. O lo dejas, o acabas siendo uno de ellos. En cierto modo va en contra de la idea de la libertad artística. Y, sin embargo, el maestro les revela cosas. Nunca he conocido a uno de sus antiguos alumnos que no le guardara lealtad, e incluso lo quisiera.

Creo que fue Turguénev, o si no uno de los Goncourt, quien dijo que siempre que los hombres cenan juntos, la conversación gira en torno a las mujeres y el amor. En cualquier caso, así era con Saul Bellow, al menos en los años que yo lo conocí, desde finales de los setenta y en la década de los ochenta. En esa época tenía en mente sobre todo a las mujeres, porque su ex esposa, la tercera, le había puesto un pleito pidiendo más dinero, después de que ganara el Premio Nobel y los seiscientos o setecientos mil dólares que traía consigo. El juicio era en Chicago, y Bellow temía que hubieran sobornado al juez. No llegué a conocer a su ex mujer, aunque tengo la sensación de haberlo hecho. Ella estaba en manos, por decirlo así, de un fabuloso contador de historias. Bellow estaba en manos del juez y ella en las de Bellow. Pedía que aumentaran su pensión y la ayuda para mantener a su hijo. Estábamos en Aspen, donde el Instituto de Estudios Humanísticos lo había invitado aquel verano; mientras Bellow nadaba estilo rana —había una piscina—, enumeraba los motivos por los que sospechaba del juez y por qué era evidente que ella tenía el ojo puesto en el dinero del premio. Más que el ojo.

Me encantaba escuchar sus historias sobre el tema. Yo estaba celoso; de las historias, me refiero. El resto parecía un terrible dolor de cabeza. No era sólo por su ex esposa, la bella archifeminista, había otras mujeres, algunas de las cuales conocía. ¿Qué opinaba de ellas? Ésa era bastante agradable, ¿no? Había querido tener una aventura con él... No debería haberla escuchado, me dijo.

Yo era más joven, claro, aunque sólo diez años, y debía de parecerle más libre y menos atribulado. Habíamos viajado en coche por las montañas hacia Glenwood, hermosos campos de heno se extendían sinuosamente en el valle a nuestros pies. Sería maravilloso tener una cabaña aquí arriba, dijo, lejos de todo pero con algunos amigos cerca, donde poder ir a escribir. Podríamos compartir una cabaña. Él se instalaría un par de meses al año, dijo, y el resto del tiempo sería para mí.

Alejarse de las mujeres no tenía mucho sentido, porque las mujeres eran su medio de ignición, pero nos lanzamos y compramos unas tierras y con el tiempo tuvimos una cabaña allí que ninguno de los dos usaba. No mucho después, sin embargo, empecé las primeras páginas de algo que Bellow me había sugerido escribir, mis recuerdos de Virginia en los tiempos en que conocí a mi mujer, y de luego, cuando nos casamos. Él me animó a hacerlo. Yo era un principiante y daba mucha importancia a lo que me decía.

Entonces estaba escribiendo una novela, *Años luz*, de la que una vez dije que era como las losas gastadas de la vida conyugal: todo lo ordinario, todo lo prodigioso, todo lo que la hace plena o la amarga; se prolonga durante años, décadas, y al final da la impresión de haber visto pasar las cosas como desde la ventanilla de un tren, un prado allí, árboles, casas, pueblos oscuros, una estación de vez en cuando. Todo lo que no está escrito desaparece, salvo por ciertos momentos que perduran, ciertas personas, días concretos. Los animales mueren, la casa se vende, los hijos son mayores, incluso la propia pareja se ha desvanecido, y aun así queda el poema.

Volví a leerla hace diez años. Es una composición musical, entreverada, melancólica por momentos, que se hace pasar por libro. Pretende ser heroica, sobre cómo aprovechar el regalo de la vida... Odio hablar así, suena demasiado magnánimo. Ella era hermosa, pero eso se ha perdido. Él era fiel, pero incapaz de asirse a la vida. Originalmente se titulaba *Nedra y Viri*; en mis libros, la mujer siempre es más fuerte. De creer al libro, y el libro es sincero, la historia gira en torno a ese mundo denso construido sobre el matrimonio, una vida cercada por muros ancestrales. Gira en torno al recuerdo de esos tiempos.

Se lo di a leer a Saul antes de que se publicara. No acabó de ver todo eso. Hizo un comentario asombroso, dijo que en realidad trataba sobre la crueldad sexual de las mujeres. Desempeñaban un nuevo papel y demostraban ser devastadoras.

Las cosas que has escrito no envejecen contigo, o por lo menos así me lo parece. Tal vez quedan marcadas por el tiempo, pero no se puede estar al día cuando el tiempo ya ha pasado. O perduran al margen de cualquier época o dejan de existir. La literatura avanza así. Los libros señalan un período o un lugar, y poco a poco se convierten en ese lugar y ese momento.

Quemar los días, que es una autobiografía, se escribió sólo a instancias de mi editor, Joe Fox, aunque ahora pienso que fue un error. ¿Por qué quiso que la escribiera? Era obvio que yo no quería. No quería revelar las cuestiones personales que apuntalaban, psicológica y objetivamente, cualquier otra cosa que pudiera escribir en adelante. No quería desperdiciar en un único libro todo el material —llamémoslo materia, ya que en buena medida pertenecía a otras personas— que había acumulado a lo largo de, no sé, cincuenta años. Sin embargo, varias cosas hicieron que me pusiera manos a la obra.

Rust Hills era por entonces el editor de narrativa en *Esquire*, una de las dos o tres revistas que me publicaban cuentos. *Esquire* era respetada y pagaba con puntualidad. La lista de Hills la encabezaban Richard Ford y DeLillo, dos de sus escritores favoritos, pero era un hombre cordial y tomábamos algo juntos de vez en cuando. Un día me llamó y me preguntó si podía bajar a la ciudad y almorzar con el director de la revista, Lee Eisenberg, a quien yo no conocía.

Durante el almuerzo me explicaron que en *Esquire*, con el propósito de hacer algo nuevo, pensaban eliminar las páginas habituales de texto e ilustraciones o fotografías y darle un aire más atrevido, con imágenes potentes y textos sin cortes. Habría tan sólo cuatro bloques de escritura que, según ellos, apuntalarían cada número y marcarían la década. Los temas tratarían categorías relevantes para los hombres, cuestiones esenciales. Querían que yo escribiera uno de ellos. El deporte ya estaba adjudicado.

Eisenberg dijo: «Usted es un hombre de mundo. Ha estado casado tres o cuatro veces. Nos gustaría que escribiera sobre el sexo y el matrimonio.»

Les dije que había una confusión. Yo no me había casado tres o cuatro veces. Sólo había estado casado una vez, y no quería hacerme pasar por un experto en el otro tema.

Tras un silencio mencioné algo que podía guardar relación con su idea. De joven me había enamorado profundamente —fue en Honolulu, cuando estuve destinado allí— de la esposa de mi mejor amigo. Sería sobre el amor y la lealtad. La fidelidad. Al final, el artículo fue «La esposa del capitán». Y de ahí, al cabo de varios años, salió el libro.

Escribir sobre uno mismo desinteresadamente es difícil. No se trata de una cuestión de técnica. No estaba seguro de hasta dónde llevar la confesión, rasgar las costuras. Al mismo tiempo, ¿por qué iba a interesarle a nadie mi vida, a menos que estuviera escrita como una novela? Hasta cierto punto, el libro lo fue. Acaba así:

> Durante la semana anterior a Año Nuevo confeccioné unas listas, en realidad sólo unas cuantas anotaciones: «Placeres», los que me quedaban; «Los diez mejores amigos»; «Libros leídos». También me acordé de varias personas como uno hace al final del año. «Las que no

hicieron el viaje»: la hermana de mi madre, que murió recién nacida, creo que sin nombre, George Cortada, Kelly, Joe Byron, Thomas Maynard a los ocho años, el hijo nonato de Kay, los cachorros de *Sumo*...

Al final del día paseamos por la playa desierta.

Después me bañé, me vestí, me puse un jersey de cuello alto blanco y, mirándome en el espejo, me peiné. Había visto cosas peores. Salud, buena. Esperanzas, aceptables.

Karyl Roosevelt y su hijo, Dana, vinieron a tomar una copa. Ella había sido una mujer hermosísima. Quizá debido a eso había dedicado su vida a los hombres. Incluso después hablaba de ellos con afecto.

Había estado casada con un hombre muy rico. La primera vez que fueron a Europa tomaron un vuelo directo a Yugoslavia y subieron a bordo del yate del mariscal Tito. Éste, arremangado, le dio a ella un paseo en barca por una bahía cerca de Dubrovnik, remando él mismo.

Fuimos en coche a cenar al Billy's. Muy pocos clientes. Regresamos a casa antes de las doce, encendimos el fuego, brindamos y leímos en voz alta fragmentos de nuestros libros preferidos. Yo leí el parlamento final de *Cavalcade* de Noël Coward, aquel en que la mujer bebe a la salud de su marido. Han perdido a sus dos hijos en la Gran Guerra y ella brinda por ellos, por lo que podían haber sido y por Inglaterra. Kay leyó un texto de *Ebenezer Le Page*. Karyl, la última parte de «Los muertos» de Joyce, donde cae la nieve por toda Irlanda, también trozos de *Ana Karenina, El legado de Humboldt* y *Crónica de los Wapshot*. Dana leyó pasajes de Robert Service, Stephen King y Poe, algo largo e incomprensible. Quizá fuera el efecto de la bebida. «Como dicen los franceses, *comment?*», comentó Kay.

En la chimenea sólo quedaban ascuas, los invitados se habían ido. Paseamos en la oscuridad helada con el perro viejo y cojo. Nada en la carretera vacía, ningún coche, ningún sonido, ninguna luz. El año termina, arriba las estrellas frías. La rodeo con el brazo. Un sentimiento de valor. Un gran deseo de seguir viviendo.[16]

La vida continuó, aunque no para todos. Dana murió en un accidente de avión quince años después. Era una de esas avionetas hechas con partes prefabricadas que ensambla uno mismo. Había pasado a saludarnos el mismo día del accidente. Era bisnieto de Franklin D. Roosevelt.

Creo que debería haber escrito esas cosas con otra forma. La novela era el dios, y los escritores que conocía apenas hacían algo más. John Updike era una excepción. Aparte de él, James Jones y William Styron eran amigos, y Styron y Mailer lo fueron hasta que tuvieron una pelea seria por algo que al parecer Styron había dicho sobre Mailer o su mujer. Ellos, todos ellos, siempre estaban hablando de la Gran Novela Americana: ¿Se había escrito? ¿Quién la escribiría? Melville o Faulkner no contaban. Iba a ser uno de ellos, y siempre estaban trabajando para conseguirlo. Mailer era el que más hablaba del tema. No sé si los escritores, los escritores del presente debería decir, hablan aún de esta gran obra mítica. Por lo visto, la opinión general es que el reinado de la novela ha tocado a su fin, la novela literaria tradicional y su antiguo interés en el personaje y el destino. Algunos escritores veteranos han dicho que se ha acabado: Roth, Margaret Atwood, Doris Lessing. No estoy seguro. En todo caso no creo que vaya a escribirse por ese camino, apuntando hacia ahí. Creo que has de estar mirando hacia otra parte. En cualquier caso, tendremos grandes novelas en este siglo, me parece que podemos darlo por hecho.

Los escritores que sitúo en lo más alto son Nabokov, Faulkner, y Saul Bellow e Isaac Singer; a los dos últimos los nombro juntos por cualidades que ambos comparten. Nabokov me gusta por su ingenio y su talento con el lenguaje, su voz y su estilo. Ya he dicho que creo que esas cosas perduran, al margen de los temas. Nabokov era muy agudo. Una vez hablé con él durante casi una hora en el bar del hotel donde residía en Montreux. Era invierno; Montreux, un lugar no precisamente alegre, parecía desierto, igual que el viejo gran hotel. No había nadie más en el bar; Nabokov y Vera, su mujer, vestida con un traje de chaqueta azul de Rodier. La noche anterior el comedor también había estado casi vacío, con varios camareros de chaqueta blanca allí plantados, inmóviles. En el bar, Nabokov se mostró cauteloso, imponente, correcto. Hizo algunos comentarios graciosos, pero su mujer no se inmutó.

¿Ves?, dijo. Nunca se ríe. Está casada con el mayor payaso de Europa, pero nunca se ríe.

Por azar, años después, conocí a un hombre —un matemático, creo— que había compartido despacho con Nabokov en Cornell.

¿De qué hablabais?, le pregunté.

Ah, él hablaba de cosas que leía en *National Enquirer*. Lo compraba todos los días. Y le gustaba hablar del tiempo.

¿Del tiempo? ¿En qué sentido?

Giraba la muñeca y decía: «Si la vista no me falla, son las ocho y veintiséis. ¿Qué hora tiene usted?»

Siento cierta conexión con Faulkner, a pesar de que nunca lo conocí ni lo vi en persona. Sé que quiso ser piloto en la Primera Guerra Mundial, pero no lo consiguió, fue rechazado. Retomó la idea más adelante y durante un tiempo tuvo una avioneta, voló mucho y participó en encuentros e incluso en carreras aeronáuticas antes de dejarlo definitivamente.

Conozco una anécdota sobre Faulkner y los aviones, no de primera sino de segunda mano, a través de Delmont Sylvester, que fue piloto de mi misma división. Sylvester era un poco amanerado y al parecer objeto de escarnio, aunque no me consta que hubiera ninguna razón para ello. Hacia 1952 estuvo destinado en el campo de aviación en Greenville, Misisipi, prestando servicio activo durante la Guerra de Corea. Era el oficial de relaciones públicas de la división de Greenville, y un bibliotecario de la ciudad con el que había trabado amistad se ofreció a presentarle a Faulkner. Así que Faulkner y él se conocieron, dijo Sylvester. Faulkner estaba ebrio y llevaba una petaca en el bolsillo. Hablaron de volar y de los tiempos en que Faulkner había sido aviador en Francia, cosa que no era cierta, pero a él le apetecía recordarlo así. Todo el panorama de los aviadores en la guerra despedía un tufillo a gloria. Faulkner había escrito poemas sobre el tema. Aseguraba que era escritor de cuentos por haber fracasado como poeta, y novelista por haber fracasado como escritor de cuentos. La idea del fracaso también asomaba cuando le preguntaron, en más de una ocasión, quiénes eran los mejores escritores estadounidenses. Decía que todos habían fracasado, pero que Thomas Wolfe era el fracasado más brillante, seguido por William Faulkner.

Aquel día en Greenville, Faulkner se ofreció a escribir un cuento sobre las fuerzas aéreas a cambio de un viaje en caza. Había una normativa que permitía obsequiar con un vuelo a los civiles si redundaba en interés de las fuerzas aéreas, y Sylvester llamó enseguida al comandante de la base, que era un coronel, y le explicó la propuesta. El coronel lo dejó hablar y al final dijo: «¿Quién es Faulkner?»

Tanto Faulkner como Nabokov escribieron guiones cinematográficos; Nabokov sólo uno. Yo he escrito una docena. Hasta ahí la conexión.

Cine. Películas. Todos los escritores adoran el cine, aunque da la impresión de que la literatura no lo reconoce. El Gremio de Escritores de Estados Unidos está meticulosamente dividido en Gremio Este y Gremio Oeste, y la Academia de las Artes y las Letras estadounidense abarca la arquitectura, la música, las artes plásticas y la escritura, incluida la poesía, pero no se menciona el cine, que ha estado a punto de devorarlo todo. En cualquier caso, tienen su propia Academia.

Una noche, volviendo a la época en que sólo había escrito un libro, un amigo me llevó a la casa de un director inglés que al final de la cena me preguntó si me interesaría escribir un guión. Me interesaba, mucho. La casa era lujosa, junto a la Quinta Avenida. Yo no sabía nada sobre cine, más allá de ser un espectador asiduo. Claro que eso no es cierto; todo el mundo sabe algo sobre cine. El director me dio un libro para que lo leyera, una novela barata de bolsillo, reconoció, que por alguna razón había suscitado su interés. Iba sobre una joven modelo en Roma de la que su marido empieza a creer que se prostituye. Resulta no ser cierto, pero la mera sospecha les arruina la vida.

Así comenzó para mí un largo período de búsqueda de trabajo como guionista de cine, irregular en su mayor parte. Entretanto, vendí calendarios y trabajé en una librería. Sólo algunas películas llegaban a rodarse. El arte del cine resultó ser el arte de conseguir financiación. Con algunas películas podía tardarse años. A veces parecía que cuanto menos presupuesto se necesitaba, más difícil era reunirlo. Orson Welles era una figura de peso, había hecho *Ciudadano Kane* y muchas más; acariciaba desde hacía mucho la ambición de rodar una película sobre Falstaff. Welles tenía una presencia y una voz majestuosas, y se adaptaba de maravilla al papel, uno de los más memorables del teatro inglés.

Nunca consiguió financiación para el proyecto. Fue en la última etapa de su carrera, y tenía fama de poco fiable; su temperamento artístico había costado demasiado a demasiada gente. Así pues, Welles empezó a filmar fragmentos de la película siempre que podía, disolviendo el pequeño equipo de rodaje y luego tratando de recomponerlo cuando podía permitirse seguir filmando. Era descorazonador. Era una lucha. Su esposa italiana le había dado todo el aliento posible. «Orson —le dijo al fin—, si cogieran todas las películas del mundo y las metieran en una habitación y las quemaran, ¿qué cambiaría?»

Y cuando no era el dinero, había que perseguir a actores y actrices, esperar noticias. En esa época, el cine europeo estaba en la cima del prestigio y despertaba todas las envidias. A los innovadores directores franceses e italianos que habían escrito sus propios guiones se los llamaba *auteurs*, autores de la película. Godard era como una estrella del rock. La gente en París te llevaba a la calle donde moría Belmondo en *Al final de la escapada*. Se veneraba a Truffaut y a Fellini. También yo estaba obnubilado. Era fácil desanimarse ante lo que la cultura admiraba, pero aquí parecía tener sentido. Roberto Rossellini, rechoncho y medio calvo, realmente se había casado con Ingrid Bergman. Ella dejó a su marido cirujano y sus dos hijos, y tuvo dos hijas más con Rossellini. Nada podía competir con el nuevo culto. Antonioni, Michelangelo Antonioni, estaba rodando en 1966 su película *Blow-Up*, con Peter Bowles. Cuando Bowles cuestionó una decisión del director, Antonioni lo rodeó con los brazos, lo miró de cerca y dijo: «Peter, cree en mí. Confía en mí. No soy Dios, pero soy Michelangelo Antonioni.»

Aquello no era Hollywood y los grandes estudios vallados, las factorías. En Europa estaba ocurriendo en la calle, por decirlo así. Fui a Londres a conocer a Polanski, o más bien a que me ignorara. Me pareció esencialmente alguien sin espíritu. A pesar de todo, me contrataron. De ahí salió la película *El descenso de la muerte*, que al final se hizo, aunque para entonces Polanski estaba fuera del proyecto. Me llamaba Jimmy. Elsa Martinelli me llamaba Jeemy. Lo envolvía todo una atmósfera febril, apasionada, y un poco vulgar. Todo era susceptible de negociarse. No creo que tanta gente tuviera la ambición de hacer algo hermoso, aunque nadie se propone tampoco hacer una mala película.

Fue en esta época y a raíz de esas incursiones cuando conocí a Ben Sonnenberg, un bibliófilo que, empeñado en gastar su herencia, fundó la revista literaria *Grand Street*, en la que publicó algunos de mis cuentos: «los que no le diste a *Esquire*», se quejaba él.

Habíamos quedado en Division Street, en un restaurante. Era de noche. Los bancos estaban cerrados. Hombres y mujeres chinos se apeaban de los coches. Había un hombre bastante joven sentado a una mesa con algunos libros y cuatro botellas de cerveza japonesa.

¿Conoces la cocina china?, me preguntó. Tenía una voz clara y suave, con una ligera cadencia inglesa.

Dije que no.

Entonces permíteme que pida por ti, dijo.

Había dejado los estudios antes de terminar el bachillerato, me contó, para vivir su vida. Nunca había ido a la universidad. En lugar de eso se fue a Londres, para pulirse y comprar libros y ropa.

Había una especie de mondas correosas en la sopa. Le pregunté qué eran.

Sí, yo mismo me lo he planteado, dijo. Tripa de pescado.

Se dedicaba a leer e ir al teatro. También traducía obras francesas y belgas caídas en el olvido, teatro de bulevar. No pude evitar pensar que sólo era una extravagancia más. Le gustaba hablar de películas y de cuál era mi porcentaje de las ganancias, suponiendo que lo hubiera. ¿No me parecía, sin embargo, que la escritura teatral debilitaba la capacidad de escribir narrativa? Era un género mucho más conciso, y no había descripción, ninguna.

Además, no daba tregua en el dramatismo, dijo, y ése no era el camino de la escritura paciente, reveladora.

Estaba incomodándome, pero más tarde lo agradecí.

No le hablé de la novela para la que acababa de esbozar unas primeras notas. El título, *Toda*, provenía de los símbolos en clave que Victor Hugo usaba en sus cuadernos para ocultarle su agitada vida sexual a Juliette Drouet, de quien fue amante muchos años. Junto al nombre o las iniciales de una mujer, señalaba con una *N*, que significaba desnuda, y con otra cosa las caricias; *Suisses*, para los pechos, y así, en una especie de orden ascendente. Para el acto completo, escribía *toda*. Había alguna nota prácticamente a diario.

En otro restaurante chino calle abajo me dio los libros para que se los sostuviera mientras él entraba para ir al lavabo. Me quedé de pie en la puerta, con un libro de teatro isabelino, una novela de V.S. Naipaul, el *Sunday Observer*. Leí unas páginas de Naipaul, cinco páginas extraordinarias.

¿Por qué, pensé, vivía tan lejos de la gente que me interesaba?

No mucho después Sonnenberg cayó enfermo; de hecho, fui testigo de ello. Advertí que la punta de su zapato rascaba el suelo al pasar por una puerta. Delataba una leve dificultad al caminar, y cuando volvimos a vernos llevaba un bastón muy elegante. Tendría apenas treinta y cinco años y le habían diagnosticado esclerosis múltiple. Con el tiempo lo dejó paralizado de cuello para abajo. Ya ni siquiera podía pasar la página de un libro. Su esposa le leía, y los amigos iban a leerle. Continuó editando *Grand Street* hasta que el dinero se agotó, y entonces vendió la revista. Nunca perdió el gusto por las cosas bellas o su recuerdo, aunque habría reaccionado con una mueca de dolor ante las palabras «cosas bellas».

Empecé a escribir *Toda* después de que una descripción inspirada de lo que sería la novela se me ocurriera a altas horas una noche que estaba muy cansado en una habitación a oscuras de un hotel con vistas a Gramercy Park. Fui al cuarto de baño, encendí la luz y escribí a vuelapluma. Una página entera. Supe que era un golpe de suerte. Lo que había escrito traslucía con claridad los temas del libro. La cuestión es que perdí aquel papel, no conseguía encontrarlo; aunque tampoco fue tan grave, porque entretanto cambié de idea sobre la figura central, quién sería.

Escribo más o menos como todo el mundo, creo. Intento escribir con regularidad. Cada día me cuesta arrancar. Si consigo dejar una línea o unas pocas palabras que me ayuden a retomar el hilo, va un poco mejor. A veces el día va bien. A menudo, no. Me he resignado a la certeza de que lo que escriba me decepcionará. Escribo cuando no me apetece, pero no cuando me asquea. Creo que escribo para cierto tipo de persona —no voy a definir exactamente quién, aunque tal vez sea una mujer—, pero no para todo el mundo. Para una mujer inteligente, como dijo Bábel.

Escribo a mano, con un bolígrafo. Luego lo mecanografío con una máquina eléctrica. Podría usar un ordenador portátil, pero me gusta el sonido, ligeramente desacompasado, de las teclas. Tecleo con dos dedos.

De hecho, de algún modo estoy componiendo. Escucho las palabras a medida que las escribo, o las cadenas de palabras. Me gusta volver una y otra vez sobre la cadencia que me conduce a las siguientes frases. A veces escribo un poco acerca de lo que me propongo escribir, unas palabras que abran el camino, y que quizá incluso decida incluir, pero todo está en suspenso.

Lo más importante es la organización, encontrar un orden. Hay muchas cosas, demasiadas, que retener en la cabeza sobre una novela, o incluso un capítulo. No puede haber confusión. Con *Toda* tracé una línea cronológica al principio —era esa clase de libro— y fui señalándolo todo en esa línea. Tenía chinchetas en un tablero grande, una o dos para cada capítulo, e iba clavando las notas sueltas y los detalles.

No siempre escribes en tu escritorio. Lo haces en otros sitios y te llevas el libro a cuestas. Te acompaña, lo tienes en la cabeza a todas horas, lo repasas, atento a posibles conexiones. Se convierte en tu principal compañero, en el sentido literal de la palabra, puedes hablarle en voz baja. Se convierte en tu único compañero.

La escritura puede prolongarse diez días seguidos, como en el caso de Georges Simenon, o semanas, o meses, o años. Le pasa lo mismo a todo el mundo.

Llené dos cuadernos gruesos para ese libro, obras de consulta divididas en secciones con apuntes de mis diarios que podían ser de utilidad: clima, lugares, diálogo, caras, muertes, amor, sexo, gente. *Toda*. No usé ni siquiera una cuarta parte.

Trabajé en el libro un año, tal vez más, y luego perdí la confianza en él. El problema era que fallaba el personaje principal. Al cabo de un tiempo volví a empezar, pero cuando cambias un elemento central, necesariamente cambian otras cosas.

He mencionado antes la libertad artística. Me refiero a la libertad de no estar sometido a las ideas corrientes de moralidad o a ningún catecismo. También me refiero a la libertad, o más bien la necesidad, de romper con cualquier mediación. No debería haber cortapisas en lo que te está permitido pensar o imaginar.

La lengua, que baqueteamos a nuestro antojo —no hay guardianes que la protejan—, es sin embargo una pieza importante, casi sagrada. La lengua lo sostiene y lo contiene todo. Así que procuro prestarle atención.

Al final me dijeron: «No puedes titular el libro *Toda*. Nadie sabe qué significa.» Discutí con ellos, pero el editor dijo: «No, tienes que buscar otro título.» Así que lo llamé *Todo lo que hay*.

Sólo leeré el epígrafe:

> Llega un día en que adviertes que todo es un sueño, que sólo las cosas conservadas por escrito tienen alguna posibilidad de ser reales.[17]

Notas

1. Honoré de Balzac, *El pobre Goriot*, traducción de María Teresa Gallego Urrutia, Barcelona, Alba, 2011, p. 25.
2. Ibíd., p. 25.
3. Gustave Flaubert, *Cartas a Louise Colet*, traducción de Ignacio Malaxecheverría, Madrid, Siruela, 1989, p. 213 (carta del 22 de julio de 1852).
4. Ibíd., p. 164.
5. Gustave Flaubert, *Madame Bovary*, traducción de Javier Albiñana, Barcelona, Vicens Vives, 2014, p. 195.
6. Ibíd., p. 195.
7. Ibíd., p. 200.
8. Ibíd., p. 201.
9. Ernest Hemingway, *Adiós a las armas*, traducción de Miguel Temprano García, Barcelona, Debolsillo, 2014, p. 9.

10. Willa Cather, *Mi Ántonia*, traducción de Gemma Moral Bartolomé, Barcelona, Alba, 2000, p. 34.
11. E.M. Forster, *Aspectos de la novela*, traducción de Guillermo Lorenzo, Barcelona, Debate, 1999, p. 33.
12. Malcolm Lowry, *Bajo el volcán*, traducción de Raúl Ortiz y Ortiz, Barcelona, Tusquets, 1997, p. 23.
13. Louis-Ferdinand Céline, *Muerte a crédito*, traducción de Carlos Manzano, Barcelona, Lumen, 1987, p. 186.
14. Saul Bellow, *Las aventuras de Augie March*, traducción de Patricio Ros y Carlos Grosso, Barcelona, Debolsillo, 2005, p. 9.
15. Winston Churchill, *Mi juventud. Autobiografía*, traducción de Jerónimo Páez López y Fernando Miranda López, Granada, Almed, 2010, p. 14.
16. James Salter, *Quemar los días*, traducción de Isabel Ferrer Marrades, Barcelona, Salamandra, 2010, pp. 431-432.
17. James Salter, *Todo lo que hay*, traducción de Eduardo Jordá, Barcelona, Salamandra, 2014, p. 9.

Índice